집중의 기술

노이즈
캔슬링

집중의 기술

노이즈
캔슬링

KSAM

ZETTAI TASSEI SURU KETSUDANRYOKU NO TSUKEKATA

by Nobuhiro Yokoyama

Copyright © 2013 Nobuhiro Yokoyama

Korean translation copyright © 2015 by Korean Standards Association Media
Original Japanese language edition published by Diamond, Inc.

Korean translation rights arranged with Diamond, Inc.

through BC Agency.

머리말

저는 컨설턴트입니다. '절대 달성'을 원칙으로 현장에서 목표를 달성시키기 위해 직접 컨설팅을 합니다. 목표를 '절대 달성'시킨다는 것은 경영전략론을 해설하거나 사업 계획을 세우거나 정신무장법 등을 전수한다고 해서 되는 일은 아닙니다. 그런 방법들을 시스템이나 제도로 만들어도 모두에게 동일한 결과를 기대하기란 상당히 어려운 일이죠. 하지만 이 책에서 제시할 새로운 행동을 실천한다면 어떤 목표라도 달성시킬 수 있습니다.

어떻게 이런 것이 가능할까요? 이 책에서 처음으로 그 비밀을 밝히려고 합니다. 필자가 몸 담고 있는 현장이라는 곳은 매일매일이 '결단'의 연속입니다. 무조건 '하겠습니다', '어떻게든 해 보겠습니다'라고 했다가 나중에 '바빠서 못했습니다'라고 할 수 없는 곳입니다. 약속한 이상 반드시 해내야 합니다. 결단을 할 때는 버릴 건 과감히 버려야 하기 때문에 결코 간단하지 않습니다. 스스로 결단을 내리는 경우든 누군가에게 결단을 내리게 하는 경우든 마찬가지입니다.

"두려워하지 마."

"앞으로 전진해."

"너라면 할 수 있어."

이처럼 정신력이나 정신무장에 대해 아무리 부르짖어도 효력이 나타나는 것은 결단력이 있는 사람들뿐입니다. '결단 습관'이 몸에 배어있지 않은 사람은 아무리 정신력을 강조해도 약효가 나타나지 않습니다. 이들에게는 좀 더 논리적인 방법이 필요합니다.

저는 항상 NLP(신경언어프로그래밍)[1] 이론을 이용하여 세대와

---

1) Neuro-Linguistic Programming, 미국의 언어학자 존 그린더와 컴퓨터공학 및 심리학을 전공한 리처드 밴들러가 성공한 사람의 행동을 면밀히 관찰하여 인간의 심리체계와 행동원리의 구조를 밝혀낸 것으로, 사람의 오감과 언어에 따른 체험이 뇌의 프로그램을 만들고 행동을 결정 짓는다는 새로운 사고방식이다.

성격을 막론하고 누구든 과감한 결단이 가능하도록 지도합니다. 여기에는 **반복 경험**이라는 논리가 존재합니다. 자연스럽게 결단을 내리게 되는 반복 경험이야말로 이 책의 테마라고 할 수 있습니다.

제가 1년간 컨설팅을 하는 기업은 7~8개사 정도입니다. '품질'이 중요하기 때문에 그 이상의 기업에 컨설팅하지 않습니다. 이밖에 '매니저 특별 훈련(特訓) 코스'라는 독자적인 연수 프로그램(총 6개월)을 운영하고 있는데, 도쿄, 후쿠오카, 나고야, 오사카 등 전국 각지에서 연간 300명을 웃도는 매니저들이 참가하고 있습니다. 일반 연수나 세미나, 강연과는 달리 본 코스에 참가한 모든 수강생들은 반드시 행동에 변화가 일어납니다.

과감한 의사결정을 내릴 수 있도록 코스 중에 **많은 트랩**, 즉 '함정'을 설치합니다. 결단을 내릴 수 없는 우유부단한 사람은 **'착각의 함정'**에 빠지기 쉽습니다. 그 함정에서 빠져나오기 위해서 다른 함정, 즉 **'결단의 함정'**을 설치하는 것입니다.

《함무라비법전》에는 '눈에는 눈, 이에는 이'라고 적혀있습니다. 이에 빗대어 저는 **'함정에는 함정'**이라는 말을 하고 싶습니다. 함정에 빠지기 쉬운 사람들은 다른 함정에도 똑같이 걸려듭니다. 이 책에서는 '선호選好의 역전'이라고 불리는 심리현상을 이용한 '결단의 함정'을 소개하겠습니다. 이를 이용하면 목표를 '절대 달성'시킬 수 있는 과감한 결단이 가능하게 됩니다.

결단력이 없는 사람에게 '직감'이란 백해무익百害無益

한때 결단력을 향상시키기 위해서는 자신의 직감을 믿고 그대로 하면 된다고 믿었습니다. 하지만 '직감'대로 결단을 내리면 상황은 더욱 악화되고 막다른 골목으로 내몰리게 되는 것입니다.

"만일에 대비해서 어설프게 움직이지 않는 편이 좋겠어."

"이렇게 한다 해서 잘 된다는 보장도 없어서..."

"A씨 말로는 그렇게 해서 성공한 사람이 없다는데..."

이렇게 결단을 내리지 못하면 미로에 갇힌 망령처럼 되고 말 것입니다. **성공은 실패 제거법을 이용해야 자신의 것으로 만들 수 있습니다.** 이런저런 행동을 하다 보면 잘 되는 경우도 있고 잘 되지 않는 경우도 있습니다. 실패했던 방법을 돌이켜보고 스스로 제거해야만 비로소 성공의 길로 갈 수 있습니다. 과거의 체험이 '직감력'을 단련시켜 주기 때문에 경험이 없는 사람에게 갑자기 '직감을 믿으라'고 하는 것은 다소 무리가 있습니다.

그래서 초반에는 먼저 **세 종류의 '직감의 함정'인 확실성의 함정, 리스크 과민의 함정, 초보자 의견의 함정**을 알아볼 것입니다. 이러한 함정에 빠지지 않는 것은 올바른 결단을 내리기 위해 매우 중요합니다.

'절대 달성'의 '임팩트'를 말하다

이제까지 필자는 책이나 세미나를 통해서 '절대 달성'의 진수를 전수해 왔습니다.

목표에 초점을 맞추는 '초점화의 원칙', 목표 미달성 리스크를 방지하는 '예재豫材관리[2]', '배속倍速관리[3]', '절대 달성'하는 자신감 만들기의 당연화化의 4단계[4] 등을 NLP 이론과 더불어 설파해 왔습니다. 그리고 지금까지 일관되게 '절대 달성'의 본질로 삼아온 것이 바로 '횟수'와 '양量'입니다. 방대한 양, 엄청난 횟수의 행동을 반복할 때 리스크가 분산됩니다. 그렇게 하면 목표 달성에 대한 리스크를 줄일 수 있습니다.

인간의 사고 프로그램은 **'자극×횟수'**로 이루어져 있습니다. 이는 과거 체험에 대한 자극의 강도와 그 횟수를 말합니다. 사람의 사고나 습관을 변화시키기 위해서는 먼저 '횟수' 혹은 '양'을 늘려야 한다고 강조해 왔습니다. 앞으로도 그 본질은 변하지 않을 것입니다.

---

2) 예정재료를 두 배로 미리 준비해 두고 목표에 미달성할 리스크를 피하는 매니지먼트 기술

3) 원문 141페이지 참조

4) 목표 달성을 당연한 것으로 인식해서 '모티베이션'이나 '의욕'이 아닌 실제적인 실천 방법에 대해 고민하고 그 결과를 행동으로 옮긴 것이 자신감이나 결과로 이어지고, 더 나아가 주위의 협력까지 얻어내면서 결국 안정적인 결과가 나오는 단계에까지 이르게 되는 흐름을 말한다.

하지만 이 책에서는 조금 다른 시각에서 '절대 달성'을 풀어보고자 합니다. 바로 '자극'입니다. 결단력이 없는 사람, 또는 결단을 내리는 데 불안을 느끼는 사람이 제대로 된 결단을 내리기 위해서는 **시간의 흐름을 일단 멈추고 '자극'을 만들어야만 합니다.** '직감'에 의지하지 않기 위해서 의도적으로 시간의 흐름을 멈추는 것이죠. 이때 2분 동안 '의식'을 행합니다. 이로써 의식의 계층모델(뉴로로지컬 레벨→79 페이지)인 자신의 정체성을 단시간에 변화시킬 수 있습니다. 자신의 '행동' 혹은 '생각'을 변화시키는 것이 아니라 '나는 누구인가'라는 '정체성'을 바꿀 수 있습니다.

이 책에서 소개할 '아침의 삼자택일'은 정신력을 필요로 하는 것이 아닙니다. 아침 단 2분의 투자로 누구든지 과감한 결단이 가능하도록 고안된 결단 프로세스를 말합니다. 그동안 이 프로세스로 비즈니스 현장에서는 물론, TOEIC, 자격시험, 다이어트 문제에 이르기까지 본인조차도 깨닫지 못한 놀라운 결단 사례를 볼 수 있었습니다.

결단의 신무기인 '아침의 삼자택일'은 '어떻게 자신의

뇌를 속일까?', '어떻게 인위적으로 결단의 함정을 설치할 수 있을까?'가 핵심입니다. 이러한 행동심리학에 기초한 테크닉을 반드시 알아두어야 합니다. 처음이 중요합니다. 최초의 결단 타이밍에 올바른 자극을 주었다면 그 후에는 스트레스를 받지 않고 반복적으로 행동할 수 있게 됩니다. 그 결단에 따라서 목표를 달성할 수 있을지의 여부가 결정된다고 해도 과언이 아닙니다.

이제부터 비행기를 타고 하늘 높이 날아오르는 모습을 상상해 봅시다. 왜 비행기는 고도 1만 미터 상공에서 순항하는 것일까요? 높이 올라갈수록 기체가 받는 공기저항이 적고, 앞으로 나가기 쉽기 때문에 **적은 힘으로도 계속 날 수 있게 되는 것입니다. 결단도 이것과 비슷합니다.**

올바른 결단에 필요한 '노이즈 캔슬링'

올바른 결단을 하기 위해서는 동기를 부여하는 자극이 중요합니다. 그러나 요즘 같은 시대에 시간의 흐름을 멈추기란 여간 어려운 일이 아닙니다. 가장 큰 원인은 IT기술의 발달에서 찾을 수 있습니다. 현대 사회는 '접근성'을 중시한 서비스와 인프라 장비가 크게 진화하였습니다. 누구나 마음만 먹으면 스마트폰이나 태블릿 PC로 언제 어디서든 인터넷에 바로 접속할 수 있는 환경에 도래하게 된 것입니다.

그러나 '네트워크 접근성'에 과도하게 치중하다 보면 시간 개념이 왜곡될 수 있습니다. 네트워크를 통해서 뇌에 침투하는 노이즈가 단기기억 부분에 넘쳐나면서 뇌가 암흑 상태가 되는 것이죠. 뇌가 암흑 상태인 사람은 합리적인 판단 능력이 떨어지게 됩니다. 그리고 어떻게 결단해야 할지 고민하는 게 아니라 지금 이 순간에 무언가를 결정해야 한다는 결단조차 할 수 없게 되는 것입니다.

결단력을 키우는 데에 '노이즈'는 큰 걸림돌이 됩니다. 이 책에서는 노이즈를 'B(불평불만)·A(이러쿵저러쿵)·D(뒹굴뒹굴) 노이즈'로 분류하고, '노이즈 캔슬링Noise Canceling'을 소개하고자 합니다. 이 업무법을 보고 "지금 나 보고 여유 없이 빡빡하고 단조로운 생활과 금욕적인 삶을 택하라는 말이냐"며 극단적인 반응을 보이는 사람도 있을 것입니다. 그러나 그건 아닙니다.

노이즈를 그냥 방치해 두면 결단력이 점점 떨어져서 이렇다 할 목표도 달성하지 못하고 애꿎은 시간만 허비하게 됩니다. '노이즈 캔슬링'은 금욕적으로 생활하기 위한 기술이 아니라 **강제적으로 생활에 리듬을 부여하는 기술**입니다. 외부로부터 침입해 온 노이즈를 역노이즈로 제거하는 '노이즈 캔슬링'을 통해서 시간 감각을 각성하게 하는 것입니다.

이 책을 읽고 있는 여러분도 'B·A·D 노이즈(배드 노이즈)'를 제거하고 사고의 흐름을 변화시켜 임팩트 있는 결단을 내릴 수 있습니다. 그리고 비상하십시오. 구름을 뚫고 창공으로 날아오르는 듯한 상쾌함을 느낄 수 있을 것입니다.

– 요코야마 노부히로 –

Part 1

세 가지 '직감의 함정'과
'B·A·D 노이즈'가 결단력을 상실시킨다

직감의 99%는 오답　22

결단을 내리지 못하는 원인은 논리? 아니면 감정?　23

'사고계'가 발달한 사람과 '감정계'가 발달한 사람　27

'감정계'가 발달한 사람을 간파하는 방법　29

시간개념 없는 사람의 결말　32

확실성의 함정　34

리스크 과민의 함정　37

초보자 의견의 함정　40

세 가지 '직감의 함정'을 넘어서다　42

'B·A·D 노이즈'를 제거하여 '직감의 함정'을 피하라　44

Part 2

'결단의 함정'으로
놀라운 결단을 내리는 방법

'삼자택일법'이라는 이름의 '결단의 함정' **48**

우유부단한 사람은 '삼자택일법'을 활용하라 **54**

'삼자택일'을 통한 결단은 왜 뜻밖의 결론으로 이어지는가 **57**

'숨겨진 플랜'이 갑자기 떠오르는 순간 **64**

큰 결단을 내릴수록 더욱 상쾌해진다 **68**

Part 3

'의식儀式'의 힘이 결단력을 높인다

결단력을 위한 필수 조건   72

심리적 시간을 연장시키는 '인타임'의 발상   73

왜 '의식의 힘'이 결단력을 높이는가   75

뉴로로지컬 레벨과 정체성   79

지위가 사람을 만든다   82

알맹이가 없는 의식은 그만두어야 한다   84

신입사원들을 위한 '의식'의 임팩트   86

인생의 분기점을 이용해 동기를 부여하는 자극을 준다   90

Part 4

결단의 신무기 – 아침의 삼자택일

혼자, 2분 만에 경이로운 결단을 내린다   94

'As If Frame'으로 빅 플랜에 초점을   97

이미지 트레이닝은 '아침의 삼자택일' 전야에   103

관건은 'Double Framing' 후   105

'아침의 삼자택일'은 어떻게 탄생했을까?   113

TOEIC 대책에도 효과 발휘   121

2개월에 17kg 감량에 성공   126

'스피치 학원'에서 일대 반전, 정보처리기술사 시험에 도전   128

매출이 2배 늘어난 할인점의 비밀   132

내 고장 살리기에 행정기관·대학·기업을 동참시킨 사장   133

Part 5

의사결정이 빨라지는 '노이즈 캔슬링'

'이미 한계다'를 금기어로 하고 노이즈를 줄여라   140

'뇌가 암흑 상태'인 사람이 보이는 말기 증상   142

'B·A·D 노이즈'를 알면 '뇌의 암흑화'는 일어나지 않는다   145

'유혹'에 약한 사람을 위한 대책   147

키워드는 '불편함·귀찮음·비효율'   151

메일과 웹사이트 열람의 '노이즈 캔슬링'   155

태블릿 PC와 스마트폰을 구분해서 사용하기   159

'충전이 간당간당한 상태'를 유지할 때의 이점   161

'노이즈 캔슬링'을 실천해 영업왕이 되다   165

노이즈는 노이즈로! '귀차니즘 노이즈'를 일부러 발생시켜라   170

궁극의 '노이즈 캔슬링'을 추구한다   174

맺음말   176

Perfect
Achievement
of Goal

Part 1

세 가지 '직감의 함정'과
'B·A·D 노이즈'가 결단력을 상실시킨다

직감의 99%는 오답

'직감'대로 결단을 내려서 잘될 확률은 극히 드뭅니다. 직감의 99%는 맞지 않다고 단언할 수 있습니다. '직감'의 유의어를 사전에서 찾아보면 **'감' 혹은 '육감'**이라고 나와 있습니다. 이는 분석하거나 고찰하지 않고 사물을 감각적으로 느끼는 것을 말합니다. 만일 매사에 결정이 '감'이나 '육감'으로 이루어진다면 논리적으로 사물을 고찰하거나 사전에 미리 데이터를 수집해서 분석·검증하거나 이미 성공한 사람에게 조언을 청하는 일은 일어나지 않을 것입니다.

처음부터 결론을 말씀드리면 직감만으로 매사를 판단하거나 결단을 내린다는 것은 자포자기하는 것과 마찬가지라는 것입니다. '될 대로 되라지', '알게 뭐야', '나 몰라라'하는 것과 같다는 말입니다.

직감으로 판단해서 잘된 경우는 운 좋게 얻어걸린 것입니다. 직감에 의한 결정은 경험에 의한 것이 아니기 때문에 절대 권하고 싶지 않습니다. 주위에 한두 명 정도는 '직감'

으로 판단했는 데도 잘되는 사람이 있을 수 있습니다. 하지만 알고 보면 그 사람의 의사결정의 근거는 '직감'이 아닙니다. **'직감'을 이용하고 있는 것처럼 보일 뿐입니다.** 이 책에서 그 메커니즘을 규명하겠습니다.

결단을 내리지 못하는 원인은 논리? 아니면 감정?

어느 IT기업에서 경영진이 프로그래머에게 잔업, 즉 근무 시간 외 업무를 줄이라고 했습니다. 하지만 의도대로 되지 않자 관리 부장이 프로그래머를 불러 질책하였습니다. 프로그래머인 E씨는 매월 잔업시간을 40시간 이내로 줄이는 것이 조직의 목표임에도 불구하고 지난 달만 해도 100시간을 초과한 것입니다.

"도대체 뭐하자는 거야?"라며 격노하는 관리 부장에게 E씨는 이렇게 반론합니다.

"얼마 전에 세 명의 프로그래머가 사표를 냈습니다. 이런 상황에서 잔업을 줄이라는 건 말이 되지 않습니다."

E씨가 말하자, 관리 부장이 되받아쳤습니다.

"프로그래머 세 사람이 그만두었지만 그 세 사람의 몫을 당신에게 모두 넘긴 것도 아니잖아. 그건 말이 안 되지."

하지만 E씨는 "불가능합니다"라며 맞섭니다.

"이번 달 들어 K사의 일이 2배 가까이 늘었습니다. 이런 상황에서 잔업을 줄이는 건 절대 불가능합니다."

"그렇다면 K사의 일을 모두 나에게 줘. 그럼 되겠지?"

관리 부장도 물러서지 않습니다.

"그것도 안 됩니다."

"어째서?"

"업무 분장이 아직 명확하지 않습니다. 그게 제대로 이루어지면 말씀대로 하겠습니다."

"업무 분장은 내가 이미 다 했어. 이 표대로 업무를 맡아 주면 돼. 다음 달부터 잔업시간을 40시간 이내로 줄여."

"그래도 안 되는 건 안 됩니다."

"말 좀 들어. 모두 잔업을 줄이기 위해 애쓰고 있다고."

"죄송합니다. 아무리 그러셔도 불가능합니다."

"그럼 언제쯤 되어야 잔업을 줄일 수 있지?"

"그건 잘 모르겠습니다. 저도 최선을 다하고 있습니다. 이 이상 저를 몰아붙이지 말아주십시오."

"뭐라고!"

E씨가 잔업을 줄일 수 없다고 하는 이유는 전혀 논리적이지 않습니다. E씨는 추궁을 당하자 연거푸 새로운 이유를 갖다 대면서 발뺌하기에 바쁩니다. 사실 E씨는 1년 전에 "업무 분장을 제대로 하고 나서 잔업을 줄이겠습니다"라고 했음에도 불구하고 그 어떤 노력도 하지 않았습니다. 그렇게 관리 부장은 뚜껑이 열릴 지경이 된 것입니다. 현장에서 컨설팅을 하다 보면 이러한 상황과 쉽게 마주치게 됩니다.

"안 되는 건 안 되는 겁니다."

"불가능한 건 불가능한 겁니다."

이런 식의 대답으로는 올바른 결단을 할 수 없습니다.

필자는 이러한 사람을 **'백보드' 같은 인간**이라고 부릅니

'백보드(Backboard)' 같은 인간

안 되는 건 안 되는 겁니다.

불가능한 건 불가능한 겁니다.

조건반사적으로 대답

백보드

다. 테니스 연습 때 쓰는 '백보드'를 생각해 봅시다. 백보드를 향해 공을 치면 튕겨져 다시 돌아옵니다. 이는 아무 생각 없이 **조건반사적으로 대답**하는 사람의 모습과 닮았습니다.

간혹 직감에만 의지하여 의사결정을 했는데도 성공한 사람이 분명히 있을 수 있습니다. 하지만 이런 사람은 과거에 같은 경험을 했거나 동일한 상황을 많이 겪었을 것입니다. 아무런 근거 없는 직감이 아니라 지난 경험을 순간적으로 떠올려 합리적인 판단을 했을 것입니다. 제한된 시간 동안 뇌의 회전수가 단숨에 상승하여 빠른 결단을 내릴 수 있게 되는 것입니다.

'직감'으로 정확하게 결정할 수 있는 사람은 뇌에 부스터를 달고 있는 것과 같습니다. '백보드' 같은 인간과는 뇌 사용법이 전혀 다릅니다. 이를 혼동해서는 안 됩니다.

'사고계'가 발달한 사람과 '감정계'가 발달한 사람

현장에서 컨설팅을 할 때는 '사고계'가 발달한 사람인지 '감정계'가 발달한 사람인지 먼저 판단합니다. '사고계'란 단편적인 정보를 연이어 떠올려서 연결시킴으로써 합리적인 판단을 하는 기능을 말합니다. 올바른 결단을 할 때는 '사고계'가 움직여야 합니다.

'감정계'는 뇌의 원시적인 욕구에 관한 기능입니다. 배가 고플 때 뭔가 먹지 않으면 안 되고, 피곤할 때 쉬지 않으면 안 됩니다. 이러한 인간의 생리적인 욕구 전반에 관한 기능이기 때문에 올바른 '결단'을 내리기 위해서는 '감정계'를 제어해 주어야 합니다.

"안 됩니다!"

"더 이상은 무리입니다!"

"그렇게 해도 잘 된다는 보장은 없습니다."

논리적으로 생각해 보면 안 될 것도 없고, 어떤 한계에 부딪힌 것도 아닌데 조건반사적으로 이렇게 대답하는 사람이 있습니다. 이런 사람을 필자는 '감정계'가 발달한 사람이라고 판단합니다. 앞서 말한 프로그래머 E씨로 상징되듯이 '사고계'가 '감정계'를 제어하기란 어렵습니다. '감정계'는 겉으로 드러나는 것처럼 줄곧 안절부절하며 불만과 푸념이 입에서 떠날 날이 없습니다. 이래서는 올바른 '결단'을 내릴 수 없습니다.

E씨가 만약 '사고계'가 발달한 사람이었다면 '프로그래머가 세 사람 줄었지만 그 일을 모두 나에게 넘긴 것도 아니잖아. K사가 맡긴 일의 일부를 부장님이 맡아 주시면 잔업

을 줄일 수 있을 거야'라고 당연히 받아들일 것입니다.

'사고계'는 '감정계'를 컨트롤할 수 있습니다.

'감정계'가 발달한 사람을 간파하는 방법

여러 번 논의를 거듭해도 의사결정을 하지 않고 미루는 사람이 있습니다. '결정하지 않기로 결정하는 것', 이것을 '결정회피의 법칙'이라고 부릅니다. 이와 같은 나쁜 습관을 버리지 못하는 사람이 생각보다 많습니다. 지금의 상태를 그대로 유지하고 싶은 심리욕구인 '현상유지편향'[5]이 작용하기 때문에 '지금 이대로가 좋아, 너무 조급해 할 필요 없어'라며 안 되는 이유를 계속해서 찾게 되는 것입니다. 하지만 지금의 상태를 유지하는 것이 더 이득이라는 확실한 근거가

---

5) 현상유지편향(Status quo bias) : 사람들이 현재의 행동을 특별한 이득이 주어지지 않는 이상 바꾸지 않으려는 경향

없는 한 변화를 거부할 수만은 없습니다.

'감정계'가 발달한 사람을 알아보는 것은 아주 간단합니다. 시간 개념이 있는가 없는가를 보면 됩니다. 목표에는 반드시 기한이 있습니다. 이대로는 기한 안에 목표 달성이 힘들다고 판단되면 변화해야 합니다. 논의 끝에 '결정하지 않기로 결정'을 내릴 경우에도 분명 명확한 근거가 있어야 합니다. 여기에서도 '감정계'가 발달한 사람은 **변화의 이유**를 더 알고 싶어 합니다.

"요코야마 씨, 그렇게 하다가 만일 성공하지 못하면 어떻게 하실 건가요?"

"7개월 정도 남았으니 뭔가 대책을 세워야죠."

"급하게 정하다 보면 문제가 생길 수 있어요."

"그럼 얼마나 더 기다려야 결단을 내리실 건가요?"

"방금 전에도 말했듯이 그렇게 서두를 필요는 없다는 것이 저의 생각이에요."

"그래서 언제까지 정할 수 있는 건가요?"

"그만하세요. 당신의 말은 더 이상 듣고 싶지 않네요."

결국 결단력이 없는 사람은 무엇을 결정할지 고민하는 것이 아니라 **"지금 이 순간에 무언가를 결정해야만 한다"는 결정을 할 수 없는 것**입니다. 단지 그뿐입니다. 그렇기 때문에 지금 이 순간에 변하지 않으면 안 되는 이유를 일일이 알고 싶어하는 것입니다.

'감정계'가 발달한 사람 vs '사고계'가 발달한 사람

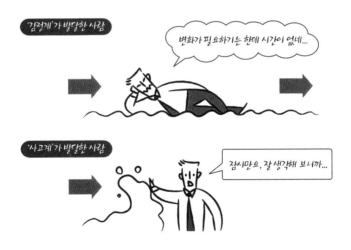

시간개념 없는 사람의 결말

시간개념이 없는 사람은 '시간 없다', '바쁘다', '정신 없다', '힘들다'라는 말을 입에 달고 삽니다. 결단을 내릴 때 새롭게 무언가를 추가로 해야 한다는 부담감을 겉으로 드러내며 감정을 컨트롤하지 못합니다. 그리고 이렇게 말합니다.

"도저히 안 돼."

"그럴 시간 없어."

시간이 흘러가는 대로 두다가 결국 아무것도 결정하지 못한 채 기한이 되거나 최악의 경우 목표로 삼고 있던 것 자체를 부정해 버리는, 즉 '애초에 그렇게까지 할 필요는 없었던 거지'라며 자기를 변호하게 되는 것입니다. 목표를 정해 놓고 달성하지 못한 채 시간만 질질 끌다가 점점 자신감을 잃게 됩니다. 기업의 경영자, 관리자라면 리더십을 발휘할 수 없게 되는 것입니다. 사실 알고 보면 충분히 시간이 있는데 말입니다.

필자가 '감정계'가 발달한 경영자와 관리자를 상대해 보면 대개가 "요코야마 씨의 제안들을 어떻게든 현장에 도입해 보고 싶긴 한데, 도무지 시간이 안 돼서…. 어떻게 업무를 효율화하는가가 중요한 데 말이죠"라고 말합니다.

그러나 일단 컨설팅에 착수하면 '업무 효율화'에 대한 대책 같은 것이 없어도 현장 사람들은 많은 새로운 행동을 근무시간 내에 하는 것이 가능하게 됩니다. 이것은 **왜곡되어 있던 시간 감각이 정상으로 돌아오기 때문**입니다. '절대 안 됩니다'라며 아무리 버텨도 Part 3에서 소개할 '의식儀式' 등을 통해서 **목표에 대한 동기를 부여할 수 있는 강력한 자극을 줘서 결단을 내릴 수 있습니다.** 아무리 **'시간이 없다'**고 핑계를 대도 사실은 **'시간이 있다'**는 것을 알고 있기 때문입니다.

왜 그러한 착각을 하게 되는 것일까요? 이유는 **'직감의 함정'**에 빠져 있기 때문입니다. '직감의 함정'에 빠지게 되면 합리적으로 판단하는 것은 불가능합니다. 선입견이나 일방적인 믿음에 의해 판단이 왜곡되어 버리는 것이죠. 다시 말해 냉정하게 논리적인 결단을 내릴 수 없게 되는 것입니다.

이 책에서는 '잘 생각해 주십시오'라는 문구가 자주 등장합니다. 언뜻 옳다고 생각했던 것도 찬찬히 다시 생각하면 맞지 않는 경우가 많습니다. '직감의 함정'이란 바로 이러한 것입니다. 그렇다면 세가지 '직감의 함정'에 대해 확실성의 함정, 리스크 과민의 함정, 초보자 의견의 함정에 대해서 자세하게 설명하겠습니다.

확실성의 함정
궁극의 해답을 추구하는 정보수집가는
결단을 내리지 못한다

첫 번째로 소개할 것은 '확실성의 함정'입니다. 인간은 극단적인 숫자에 강한 영향을 받는 경향이 있습니다. 이를 '확실성 효과' 혹은 '확실성의 함정'이라고 부릅니다. 100% 확실하지 않으면 실천하고 싶지 않은 심리적 함정인 것이죠.

예를 들면 필자의 책《절대 달성하는 마인드 만들기 絶対達成

マインドのつくり方》에서 언급했던 '동기부여는 100% 필요 없다'라는 문장은 강한 호소력이 있습니다.

이 제목에서 100%가 73%가 되는 순간, 설득력을 잃게 됩니다. 인간은 100%, 아니면 0%라는 극단적인 확률에 더 강한 자극을 받습니다. 그렇기 때문에 결단을 내리지 못하는 사람은 행동 계획을 세울 때 '이렇게 하면 100% 잘될까', '이 계획은 리스크가 제로일까'라며 자문자답하는 것이죠. 논리적으로 생각해 보면 100% 성공을 장담할 수 있는 계획이란 있을 수 없는 데 말입니다.

매니지먼트의 기본은 'PDCA 사이클계획Plan→실천Do→확인 Check→조치Act를 반복해서 실행하여 목표 달성하는데 사용하는 기법'입니다. 100% 성공하는 플랜(P), 리스크 0%인 플랜(P)이 존재한다면 계획과 실천만으로 충분할 것입니다. 조직의 매니저가 필요 없게 되는 거죠.

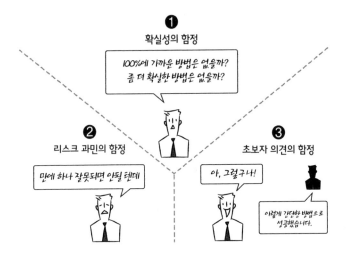

세 가지 '직감의 함정'

❶ 확실성의 함정
100%에 가까운 방법은 없을까? 좀 더 확실한 방법은 없을까?

❷ 리스크 과민의 함정
만에 하나 잘못되면 안될 텐데

❸ 초보자 의견의 함정
아, 그렇구나!
이렇게 간단한 방법으로 성공했습니다.

게다가 IT가 발달해 더 간단히 정보를 손에 넣을 수 있습니다. 선택의 가짓수가 그만큼 늘어나기 때문에 '100%에 더 가깝게' 선택항목을 찾는 것입니다. '확실성의 함정'은 고도로 발달한 정보화 사회가 파생시킨 폐해라고도 할 수 있습니다. 그리고 선택의 폭을 늘리면 늘릴수록 선택은 더욱 힘들어 집니다. 이것을 '선택의 패러독스'라고 합니다.

리스크 과민의 함정
'허울 좋은 정론'이 결단력을 둔화시킨다

두 번째는 '리스크 과민의 함정'입니다. 인간은 새로운 리스크나 베일에 싸여있는 리스크, 대중매체에서 크게 다루는 리스크에 대해서 과민하게 반응하는 경향이 있습니다. 예를 들면 세미나나 연수에서 '절대 달성'에 대한 이야기를 하면, "그렇게 말씀하시지만 요즘 부하 직원에게 무리하게 일을 시키다가는 '권위적'이라며 공격을 받아요", 또 "너무 몰아 붙여서 부하 직원이 우울증이라도 걸리면 어떻게 해요"라고 하는 사람들이 있습니다. 이것은 '리스크 과민의 함정'에 빠져 있는 전형적인 예라고 할 수 있습니다.

필자는 매년 5천여 명의 경영자, 관리자들과 만납니다. '너무 강하게 말하면 부하 직원들의 기가 죽어요'라고 얘기하는 관리자는 부하 직원에게 할 말을 하지 못하는 경우가 많습니다. 진짜 부하 직원을 몰아붙이는 사람들은 한치의 '주저함'도 없이 행동으로 옮겨 버리죠.

'리스크'란 위험한 일을 조우하게 될 가능성과 정도를 말합니다. 리스크를 만나게 될 '빈도'나 '미치게 될 영향'을 절대적인 수치로 확인하고 비교하는 노력이 필요합니다. 그럼에도 불구하고 목표 미달성 상태가 계속됨에 따라 회사 실적이 불안정해지거나 자신의 꿈이나 목표가 실현되지 않는 등의 리스크에 대해서 파악하고 있는 사람들은 많지 않습니다.

단순히 생각해보면 과거에 경험해 보지 못한 일이 일어난 것인데, 거기에 너무 과하게 반응하는 것입니다. 리스크를 두려워하지 않을 배짱이 없다면 목표를 '절대 달성'하는 것은 힘듭니다.

'리스크 과민의 함정'에 빠져 냉정한 판단을 하지 못하는 사람은 의외로 많습니다. 오사카의 어느 컨설팅 회사에서 일하고 있을 때 이런 일이 있었습니다. 그 회사의 영업 지역은 간사이關西, 즉 일본의 관서지역 전역에 걸쳐 있었기 때문에 업체 방문 건수를 늘리려면 영업사원들은 상당한 거리를 차로 이동해야 했습니다. 컨설팅을 시작한 지 3개월째 되었을 때 한 영업사원이 말했습니다.

"이렇게 방문 건수를 늘려서 바쁘게 움직이다 보면 언젠가 교통사고가 날지도 몰라요."

"요즘 업무가 너무 힘들다 보니 몸이 지칠 대로 지쳤나 봐요. 얼마 전에는 운전 중에 잠깐 졸기도 했다니까요."

"저도 운전하다가 큰일 날 뻔 했어요."

"이렇게 이동거리가 길어지면 사고가 날 수 있어요."

그렇게 '방문 건수를 과하게 늘리는 것은 위험하다'는 의견들이 쏟아져 나왔습니다. 그러나 사장님은 영업사원의 의견에 전혀 동요하지 않았습니다.

"자네는 보통 때도 졸면서 운전하잖아? 방문 건수를 줄일 게 아니라 좀 더 일찍 자고 밤에 딴 짓 좀 그만해. 이전에 비해 일하는 시간은 되려 줄었는데 어설픈 잔머리 그만 굴리라고."

'리스크 과민의 함정'에 빠지지 않기 위해서는 **매사를 객관적으로 보는 습관**이 필요합니다. 결단을 내리려고 할 때마다 일일이 '뭔가 문제가 있지 않을까', '무슨 일이라도 일어나면 어쩌지?'라며 너무 깊게 고민한다면 점점 '결단력'

을 잃게 될 것입니다. 결단력을 잃게 되면 신뢰도 잃게 됩니다. 인간으로서 매우 소중한 것을 잃어버릴 리스크가 높아지게 되는 것이죠. 그렇다면 현상유지를 선택하는 리스크와 결단 후에 발생하는 리스크를 냉정하게 비교·검토해 봅시다.

초보자 의견의 함정
'초보자 의견'은 노이즈일 뿐이다

주변에서 쉽게 얻게 되는 일상적인 정보를 너무 과신한 나머지 논리적인 결단이 어려워진 상태가 될 때가 있습니다. 이 책에서는 '초보자 의견의 함정'이라고 명명하고자 합니다. 이것이 바로 세 번째 '직감의 함정'입니다. 고도정보화 시대가 되면서 이러한 함정에 걸려드는 사람이 급증하고 있습니다. 10년 전에 비해 초보자들의 의견에 쉽게 접근할 수 있는 환경이 되었기 때문입니다. 예를 들어 보겠습니다.

"얼마 전 지인한테 물어보니 그런 방법으로는 도리어 문제를 키울 뿐이라고 하던데요"라든지, "최근 인터넷에서 봤는데 이것 말고 좀 더 좋은 방법이 있다던데"와 같은 말들입니다.

이용하기 편한 정보에 접근해서 자신에게 맞는 것만 골라서 받아들이는 것이죠. 그 의견이 맞는지 틀린지는 차치하고, 초보자의 의견을 여과 없이 받아들이는 것은 위험한 일입니다. 보다 효율적으로 올바른 결정을 하기 위해서는 바른 정보에 계속 귀 기울일 수 있도록 해야 합니다. '그 분야의 프로'가 전하는 정보에 접근해야 한다는 말입니다.

앞서 말한 바와 같이 성공을 쟁취하기 위해서는 실패 제거법 외에는 방법이 없습니다. 많은 시행착오를 겪으며 '결과가 좋지 않았던 방법'을 제거해 보지 않았다면 프로라고 할 수 없습니다. 현재 잘나간다고 해서 그 사람을 무조건 프로라고 판단할 수도 없습니다. 우연히 얻어걸린 경우도 꽤 있으니까요. 그래서 많은 사람들이 프로가 아닌 '초보자 의견의 함정'에 걸려 직감으로 결단해 버리는 오류를 범하게 되는 것입니다. 프로의 이야기를 듣기 위해서는 벽도 높고 돈도 듭니다. 하지만 걸핏하면 주변 사람들에게 조언을 구하고 지인들의 블로그나 페이스북에 쓰여 있는 것을 의심의 여지 없이 받아들이는 것은 올바른 결단을 내릴 수 있는 방법이 아닙니다.

세 가지 '직감의 함정'을 넘어서다

앞에서 '확실성의 함정', '리스크 과민의 함정', '초보자 의견의 함정'에 대해 설명하였습니다. 이 세 가지 '직감의 함정'에 빠지지 않기 위해서는 일단 전문가들이 말하는 정보에 귀 기울여야 합니다. 그 정보를 찬찬히 살펴보면 자신이 해야 할 일들이 저절로 정리될 것입니다. 하지만 '선택의 패러독스'라는 함정에 빠지지 않기 위해서는 정보를 너무 많이 수집해서는 안 됩니다. 수집 기간을 설정해 두고 어느 정도 모였다면 그때는 과감하게 결단을 내려야 합니다.

필자가 육아 문제로 고민했을 때도 이를 동일하게 적용해 봤습니다. 같은 또래 아이를 가진 부모들에게는 의견을 묻지 않았습니다. 먼저 육아와 관련된 서적을 10권 정도 읽었습니다. 읽다 보면 내용의 꽤 많은 부분이 비슷하기 때문에 주저 없이 거기에 적혀 있는 것을 실행에 옮겨 보게 됩니다. 명함을 만들 때도 명함에 관련된 책이나 세미나를 통해서 연구했고, 마라톤을 시작할 때도 전문가가 쓴 책을 읽고 많은 강좌를 들었습니다.

솔직히 말해서 전문가들이 하는 말들은 다 비슷비슷하고 재미가 없습니다. 손쉽게 성공할 수 있는 방법은 없고, 끈기를 가지고 노력하는 것이 중요하다는 가르침뿐입니다. 그러나 그렇기 때문에 안심하고 도전할 수 있으며 과감한 결단을 내릴 수 있게 되는 것입니다.

'B·A·D 노이즈'를 제거하여
'직감의 함정'을 피하라

'직감의 함정'에 걸려들지 않기 위해서는 뇌의 '사고계'를 길러야만 합니다. 그러기 위해서는 시간 감각을 의식해야 합니다. '역산逆算사고'를 통해서 미래의 목표 달성 시점을 기준으로 현재를 생각하고, 사고의 흐름을 **미래에서 현재로 역류시키는 것**입니다. 그렇게 하면 효율적으로 일을 진행시킬 수 있는 방법을 알게 됩니다. 하지만 최근에는 시간 감각이 마비되었거나 둔화된 사람이 늘어나고 있습니다. 그 이유 중 하나가 바로 '노이즈' 때문입니다.

노이즈를 대량 흡입하면 '뇌의 암흑화'로 사고가 정지합니다. 뇌의 부스터가 제기능을 하지 못하기 때문에 유연한 사고나 행동이 불가능하게 되고, 일을 뒤로 미루는 습관에서 벗어날 수 없게 되는 것이죠. 이러한 노이즈에는 세 가지가 있습니다.

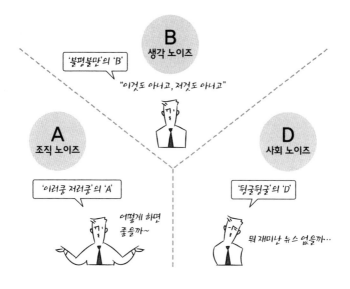

'B·A·D배드 노이즈'의 구조

B 생각 노이즈
'불평불만'의 'B'
"이것도 아니고, 저것도 아니고"

A 조직 노이즈
'이러쿵 저러쿵'의 'A'
어떻게 하면 좋을까~

D 사회 노이즈
'뒹굴뒹굴'의 'D'
뭐 재미난 뉴스 없을까…

B —— "이것도 아니고 저것도 아니야"라고 생각하는 '불평불만' **생각 노이즈**

A —— 회의나 모임, 메일로 '이러쿵저러쿵' 잡담하는 **조직 노이즈**

D —— '뒹굴뒹굴' 인터넷할 때 침투하는 **사회 노이즈**

필자는 이를 통틀어 뇌에 들어 온 'B·A·D배드 노이즈'라고 부르고 있습니다. 뇌에서 'B·A·D 노이즈'를 제거하면 뇌가 '한계' 상태에 이르는 것을 방지할 수 있습니다. 세 종류의 노이즈를 어떻게 이해하고 어떤 식으로 맞섰을 때 사고정지 상태를 피할 수 있는지 '노이즈 캔슬링'에 대해서는 Part 5에서 상세히 소개하도록 하겠습니다.

Part 2

'결단의 함정'으로
놀라운 결단을 내리는 방법

'삼자택일법'이라는 이름의 '결단의 함정'

컨설팅 혹은 연수 중에 필자는 수많은 트랩, 즉 '함정'을 설치합니다. 결정을 내리지 못하는 사람은 착각의 함정에 걸려들고 말죠. 그 함정을 제거하기 위해서는 또 다른 함정인 **'결단의 함정'**을 준비합니다. **함정에는 함정으로 대응**해야 합니다.

누구나 한 번쯤 세 가지 선택사항이 있을 때 무심코 가운데 것을 고른 적이 있을 것입니다. 이것은 **'선호의 역전'**이라는 심리상태가 적용된 것입니다. 선호의 역전은 **주어진 선택지의 수나 순서에 따라서 뜻밖의 선택을 하고 마는 것**을 의미합니다.

'삼자택일법'에 대해서 사례를 들어 설명하겠습니다. 얼마 전 어느 미용실에서 점원으로부터 헤드 스파를 권유 받은 적이 있습니다. 평소 관심이 있던 터라 서비스를 받기로 했습니다. 코스는 2종류였습니다.

- A 코스 45분 7만 원
- B 코스 60분 10만 원

A 코스와 B 코스는 시간이 다를 뿐만 아니라 사용하는 아로마나 마사지 종류도 다른 것 같았습니다. 그러나 필자는 헤드 스파에 대해서 잘 모르기 때문에 금액과 시간 외엔 코스의 차이를 알 방법이 없었습니다. 또 45분에 7만 원, 60분에 10만 원이라는 가격 설정도 비싼 건지 싼 건지 판단이 서지 않았습니다. 그래서 그냥 기분 내키는 대로 7만 원짜리 A 코스를 선택했습니다.

직원은 거의 대부분의 손님이 A 코스를 고른다고 했습니다. B 코스가 훨씬 이득이며 강력하게 추천한다고 아무리 권유를 해도 "오늘은 그냥 A 코스로 할래요"라고 한다는 것입니다. 나중에 점장에게 확인해 보니 90%의 손님이 A 코스를 선택하고 10%의 손님만이 B 코스를 선택하는 것으로 나타났습니다.

점장이 "B 코스로 손님을 유도할 방법은 없을까요?"라며 상담을 청하기에 필자는 "아주 간단하죠"라고 답했습니다.

지금 책을 읽고 있는 여러분들 중에서 B 코스로 쉽게 유도할 수 있는 방법이 생각난 분들도 있겠죠? 필자는 '삼자택일법'을 제안했습니다. 손님들이 B 코스를 선택하게 하기 위해서는 C 코스를 만들면 됩니다. 좀 더 서비스의 질을 업그레이드하고 시간도 대폭 늘린 C 코스를 만드는 것이죠. 필자의 어드바이스를 토대로 그 가게에는 90분에 15만 원의 C 코스를 만들게 되었습니다. A, B 코스에 비해 모든 면에서 만족도 높은 초특급 서비스입니다.

- A 코스 45분 7만 원
- B 코스 60분 10만 원
- C 코스 90분 15만 원

이는 상품 메뉴를 한 눈에 보기 좋게 정리한 것입니다. 코스를 변경한 결과 B 코스를 선택하는 손님이 60% 늘어났고 A코스를 선택하는 손님이 25%로 감소했으며, C 코스를 선택하는 손님도 15%나 되었습니다. 메뉴를 두 가지에서 세 가지로 바꾸었을 뿐인데 점포 수익은 약 30% 증가했다고 합니다. B 혹은 C 코스는 마진이 좋은 상품이었던 것이죠. 왜 이런 효과가 나타난 것일까요? 지금까지 A 코스를 고르는 고객이 많았는데, 어떻게 B 코스를 고르는 고객이 늘어난 것일까요?

이것은 앞서 말한 '선호의 역전' 현상이 일어나고 있기 때문입니다. 사람은 무언가를 선택할 때 무의식 중에 이유를 찾게 됩니다. '결단'도 마찬가지죠. 아무것도 하지 않고 이대로 현상을 유지시킬 것인가, 아니면 무언가에 도전을 할 것인가 등 적어도 두 가지 이상의 선택 중에서 고른다는 것입니다.

모든 행농이 합리적 가치관을 토대로 판단되고 있는가 하면 꼭 그렇지도 않습니다. 절대적인 기준이 있는 것이 아니라 어떤 비교 대상, 즉 상대적인 기준을 바탕으로 결단을 내리는 경우가 많습니다. 그렇기 때문에 A·B·C가 가격 순서대로 있을 때 B는 A보다 고가지만 C보다는 저렴하기 때문에 쉽게 선택하게 됩니다. 캔 커피나 미네랄 워터를 사는 것과 다르게 가격의 타당성을 알기 어려운 헤드 스파의 경우라면, 이와 같은 '삼자택일'은 상당히 효과적입니다.

그 이유가 무엇인지 이제부터 설명해 드리도록 하겠습니다. 캔 커피나 미네랄 워터를 살 경우는 다른 제품과 비교하지 않고 과거 체험에 미루어 판단하게 됩니다. 예를 들면 자동판매기에서 팔리는 캔 커피의 대부분이 800원이라는 것을 알고 있다고 가정해 봅시다. 500원짜리 캔 커피를 발견한다면 싸다고 느낄 것이며, 누군가가 1,000원짜리 캔 커피를 권한다면 좀 비싸다고 느낄 것입니다. 그러나 과거에 거의 체험을 하지 않았던 서비스라면 비교할 대상이 없고 다른 점포의 정보도 모르기 때문에 제시되어 있는 메뉴 중에서 비교할 수밖에 없는 것이죠. 단순히 헤드 스파의 가격과 내용을 보고 서로 비교하며 상대적으로 평가하게 되는 것입니다.

선택지들은 결단을 정당화하기 위한 재료가 됩니다. '모처럼 헤드 스파를 받으러 왔으니 그동안 열심히 일해온 일종의 보상으로 가능하면 좋은 서비스를 받는 게 좋을 것 같아. 가장 저렴한 A보다는 B가 조금 더 낫지 않을까? 게다가 B는 A보다는 비싸지만 C보다는 싸잖아. 그러니 B면 충분할 것

왠지 한가운데를 선택해 버리고 마는 '선호의 역전' 현상

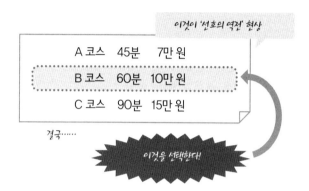

이것이 '선호의 역전' 현상

A 코스   45분   7만 원

B 코스   60분   10만 원

C 코스   90분   15만 원

결국……

이것을 선택한다!

같아' 이렇게 B가 타당하다는 판단을 내리게 되는 것입니다.
서비스 내용에 대해 자세히 알아보고 자신이 원하는 코스가
무엇인지를 합리적으로 판단하는 것이 아니라 어디까지나
상대평가를 하는 것입니다. 3가지의 선택지가 있다면 '~보
다는 떨어지지만, …만큼은 아니다'라는 타협점을 찾아내서
가운데가 타당하다고 무의식적으로 착각하는 것입니다. 예
를 들면 다른 헤드 스파숍에 다음과 같은 메뉴가 있다면 어
떻게 될까요?

- A 코스　60분　10만 원
- B 코스　90분　13만 원
- C 코스 120분　17만 원

앞서 말한 가게의 B 코스와 이 가게의 A 코스는 60분에 10만 원으로 가격이 같고 서비스 내용도 완전히 동일합니다. 하지만 이 경우에도 역시 B 코스를 선택하는 사람이 많다는 것입니다. **절대적인 가치가 아니라 상대적인 가치로 판단해서 결정을 내리는 사람이 많다**는 얘기인 거죠. 이와 같이 제시된 선택지의 순서에 따라 판단이 변하는 것을 '선호의 역전'이라고 합니다.

우유부단한 사람은 '삼자택일법'을 활용하라

필자가 이번에 소개하고자 하는 '삼자택일법'은 이 심리 현상을 교묘히 이용할 수 있습니다. 다들 각각의 목표가 있을 것입니다. 영업 부서라면 목표 예산을 어떻게 달성시킬 것인가, 자격시험이라면 어떻게 합격할 것인가, TOEIC 시험이라면 850점 고지를 어떻게 정복할 것인가, 다이어트라면 어떻게 살을 뺄 것인가 등 모두 기한과 목표가 있습니다. 이를 '절대 달성'시키기 위해서는 어떤 플랜^{행동계획}을 선택할 것인가가 매우 중요합니다.

중요한 결단을 내리기 위해서는 착각의 함정에 빠져서는 안 되고 36페이지에서 소개한 '선택의 패러독스'에 빠져서도 안 됩니다. '좀 더 나은 방법은 없을까'하고 계속 고민에만 빠져 있으면 안 됩니다. 시간을 끌며 늘어지게 생각한다고 해서 답이 나오는 것은 아닙니다. 가능성이 높은 플랜을 빨리 선택해야 합니다. 이를 위해서는 어떻게 하는 것이 좋을까요? 여기서 소개하고자 하는 것이 바로 '삼자택일법'입니다. '삼자택일법'에서는 다음과 같이 선택지를 세 가지로 준비합니다.

(1) 노 플랜 – 현상유지

(2) 챌린지 플랜 – 노력하면 실현도 가능한 플랜

(3) 빅 플랜 – 현실성이 결여된, 실현 불가능한 플랜

노 플랜은 말 그대로 '현상유지'라는 뜻입니다. **노 플랜을 선택지 중 하나로 넣은 것은 '삼자택일'을 실행하는 데 있어서 매우 중요한 포인트**이기 때문입니다. 앞서 '결정회피의 법칙'은 '**결정을 내리지 않기로 결정**'하는 것이라고 설명했습니다. 맞습니다. 의사결정을 뒤로 미루는 것이 아니라 '**현재 상태를 바꾸지 않기로 결단을 내렸다**'고 이해해야 하는 것이죠. 누구나 상황에 맞춰 명확하게 결단을 내리고 있지만 정작 중요한 것은 '절대 달성을 위해서라기보다 올바른 결단을 내렸는지의 여부'입니다. 따라서 반드시 선택지에 '현상유지'를 포함해야 합니다. 그래야 '보다 옳은 결단'이 가능하기 때문입니다.

챌린지 플랜은 '열심히 하면 가능할 수도 있는 플랜'을 가리킵니다. 영어회화를 공부하고 싶은 사람이라면 일주일에 두 번 학원에 다닌다든지 다이어트라면 피트니스 클럽에

다니거나 매 끼니마다 칼로리 제한하기 등이 여기에 해당됩니다.

세 번째 빅 플랜은 '**실현이 거의 불가능한 플랜**'을 말합니다. 이 **빅 플랜을 작성하는 것이 '삼자택일'을 하는데 가장 중요한 프로세스**가 됩니다. 빅 플랜의 작성방법에 대해서는 Part 4에서 상세히 설명하겠습니다.

'삼자택일'을 통한 결단은 왜 뜻밖의 결론으로 이어지는가

이 세 종류의 플랜을 결단에 사용한다면 '선호의 역전' 현상으로 인해 챌린지 플랜을 선택할 것이라고 생각합니다. 하지만 이러한 과정을 통해서 세 종류의 플랜과는 또 다른 플랜을 발견해 내는 것이 삼자택일법의 특징이며 특별함이라고 할 수 있습니다.

필자는 이 테크닉을 활용해서 연간 7~8개사의 클라이

언트, 3백 명 이상의 매니저특훈 코스의 수강자를 변화시켰습니다. 코스에 참가한 사람들은 기존에는 전혀 생각지도 못했던 결단을 내리게 됩니다. 그렇다면 현장에서는 어떻게 '삼자택일법'을 사용하고 있는지 순서대로 소개하도록 하겠습니다.

필자는 영업 컨설턴트입니다. 영업 전략을 짜고 마케팅 플랜을 계획하는 경우도 있지만, 첫 단계에서는 반드시 '행동 개혁'부터 하게 합니다. 현장의 영업사원들의 행동을 철저히 변화시킴으로써 '현상유지편향(현상을 그대로 유지하려고 하는 힘)'이 붕괴되어 가는 것이죠. 따라서 행동을 바꾸면 의식도 변하게 되는 것입니다. 제일 먼저 바꿔야 할 것이 '행동'입니다. 그리고 행동의 횟수를 늘려야 합니다.

그러나 많은 영업사원들은 이것을 싫어합니다. 머리로는 그렇게 하는 것이 좋겠다고 생각하지만 웬만해서는 결단을 내리지 못합니다(포인트는 영업사원들이 행동의 횟수를 늘리는 것에 대한 필요성을 이해해야 한다는 것입니다. 이해도 못하는 상황에서 결단을 내릴 수는 없기 때문입니다).

영업사원들은 행동을 늘려야 한다는 것에 대해 '알고는 있는' 상태입니다. 이해는 하는데 좀처럼 내키지 않는 그런 상태인 것이죠. '알고는 있지만 마음먹기 어렵다'는 것은 '감정계'가 우위인 상태입니다. 조금씩 유도하다 보면 결단을 내릴 것처럼 보이다가도 잘 안 되는 경우가 많습니다. 그렇기 때문에 필자와 함께하는 동안 의사결정을 내리도록 지도하는 것이죠.

목표는 절대 달성합니다. 달성 못할 이유가 하나도 없습니다. 목표는 넘기만 하면 되는 것이라고 논리적이고 감성적으로 이야기합니다. 이 말에 대한 공감을 얻게 되면 현장에 있는 사원들에게 결단을 내리게 합니다. 결정해야 하는 내용은 목표 달성 정도를 계량화한 'KPI Key Performance Indicator : 핵심성과지표'입니다.

압도적인 행동량을 수행해야 하기 때문에 과거에 비해 두 배 이상의 결단은 당연하다는 분위기가 조성됩니다. 처음에는 지금까지의 평균 KPI를 종이에 적도록 합니다. 월에 50건이면 50건, 100건이면 100건으로 말이죠. 그리고 지금부터가 핵심입니다.

"지금부터 타이머로 시간을 재겠습니다. 1분간 월간 KPI 목표를 종이에 써주세요. 전원 빠짐없이 한 사람씩 앞으로 나와서 써주세요. 그 후 발표를 하도록 하겠습니다."

이와 같이 전달하고 1분간의 인타임IN TIME을 도입합니다. '현상유지편향'에 빠져있는 영업사원들이라도 여지없이 현장의 분위기에 휩쓸려 거의 100%가 두 배 가까운 KPI를 설정하게 됩니다. 지금까지 월에 50건의 방문건수를 수행하던 영업사원이 있다면 100건을 설정할 것이고, 90건을 수행하고 있었다면 180건을 설정하게 되겠죠. 그리고 나중에 사장님을 비롯한 경영진들 앞에서 한 사람씩 서서 발표합니다. 경영진들은 입이 닳도록 "현상유지편향을 깨부수자!"고 외쳐왔기 때문에 어정쩡한 결단이 허용될 분위기는 아닐 것입니다. 전원이 다 썼다 싶었을 때 시차를 두지 않고 "그럼 여러분이 쓴 **KPI에서 딱 2배**를 올려 주세요"라고 말합니다.

영업사원들은 이 말을 듣고 모두 본인들의 귀를 의심합

니다. 잘못 들은 것이라고 생각합니다. 대부분의 영업사원들이 방금 적은 KPI를 실천해야 하는 것만으로도 상당히 많은 갈등을 느끼고 있었을 것입니다. 왜냐하면 앞서 적은 목표치도 꽤 높기 때문입니다. 매월 평균 90건의 고객을 만나던 사람이라면 180건 이상을 목표로 달려야 하기 때문입니다. 그런데 거기에 바로 "그 KPI의 두 배로 하라"고 말한 것이죠. 앞서 적은 것에 대입하면 KPI는 360건이 됩니다. 거기에서 저는 이렇게 말합니다.

"제가 여러분에게 2배의 KPI를 실천하라고 하는 것은 아닙니다. 하지만 만일 2배의 KPI를 하려고 했을 때 지금의 업무 방식에서 어떤 변화를 주어야 하는지 그 아이디어를 세 가지 적어 주세요."

"불가능하다든지 비현실적이라든지 등의 생각은 절대로 하지 말아주십시오. 가공의 이야기입니다. 만일 현실에서 하려고 했다면 뭐가 필요했을지 어떤 것이든 좋으니 적어봐 주세요."

필자는 예를 들어 이야기합니다.

"예를 들면 회의 참석은 하지 않는다든가 회사에 출근하지 않고 고객을 직접 만나러 간다든가 자전거를 10대 사서 빈번히 오가는 역의 주차장에 세워 두는 것도 가능합니다. 현실적으로 되는지 안 되는지 생각하지 말고 아이디어를 내보는 거죠."

이렇게 말하면 '안 됩니다', '불가능합니다'라는 식의 반응은 없습니다. 팽팽한 긴장감을 유지하면서 1분의 인타임을 도입해서 적어보게 합니다. 그런 후에 필자는 마지막으로 질문을 합니다.

"방금 전 적은 KPI를 두 배로 했을 때의 아이디어를 보니 의외로 가능해 보이는 것들도 있지 않나요? 그것을 염두에 두고 오늘 약속할 수 있는 KPI를 정해주세요. 지금부터 1분 안에 결단을 내리는 겁니다."

이로써 처음으로 진정한 결단을 내리게 되는 것입니다. 영업사원들은 뭔가에 홀린 듯한 기분이 들 것입니다. 그러나 '현장'의 분위기에서는 되돌리기 쉽지 않은 상황입니다. 거의 모든 영업사원들이 먼저 쓴 KPI의 2배까지는 아니지만 처음 적은 KPI보다는 행동량을 올려서 결단을 내리게 됩니다. 예를 들면 처음에 'KPI 180'이라고 적은 영업사원은 필자의 '거기에서 2배'라는 단 한마디로 360까지 올리게 됩니다. 그러다가 다시 결단을 내리라고 했을 때는 그 중간 정도인 'KPI 260'을 선언하게 됩니다. 이 프로세스를 현장에서 목격한 관리자들은 놀람을 감추지 못했습니다.

"현상유지편향을 깨부수자!", "고객에게 직접 더 많이 찾아가라! 얼마나 더 말해야 알아 듣겠나"라며 입이 아플 정도로 얘기해 왔지만 줄곧 반항해 왔던 영업사원들이 아닙니까? 그럼에도 불구하고 이 코스에 참가한 것만으로 경영진은 물론 본인도 상상할 수 없었던 KPI를 약속하게 된 것입니다.

'숨겨진 플랜'이
갑자기 떠오르는 순간

어떻게 이러한 결단이 가능하게 된 걸까요? 포인트는 '삼자택일'입니다. 이것이야말로 '결단의 함정'이었던 것입니다. 다시 한번 정리해 볼까요? 노 플랜이 지금까지의 평균 KPI입니다. 이것을 처음에 적게 하고 다음으로 '챌린지 플랜'을 적게 합니다. 행동량의 향상이 회사의 방침이라는 점을 이미 사전에 알려 둡니다. 이러면 외부의 컨설턴트를 부른 것이기 때문에 지금까지와 동일한 행동량을 말해서는 안된다는 것을 분위기상 알 수 있습니다.

그리고 그 후 챌린지 플랜의 2배가 되는 KPI를 강제적으로 설정하게 하는 것입니다. 이것이 빅 플랜입니다. 격렬한 갈등을 느끼면서 설정한 챌린지 플랜의 두 배를 설정하라고 하기 때문에 갈등이라기보다는 헛웃음밖에 나오지 않는 것이 보통이죠. '어이 없어', '그렇게 될 리 없잖아'라며 기막혀합니다. 빅 플랜에는 이러한 감각이 필요합니다.

세 가지 선택항목이 있고 결단을 내려야만 하는 경우가 생긴다면, 가운데인 챌린지 플랜을 고를 수도 있지 않느냐고 생각할지 모릅니다. 하지만 그건 있을 수 없습니다. 왜냐하면 노 플랜은 잠재의식 속에서는 선택항목으로 비춰지지 않기 때문입니다.

마지막에 하는 질문은 'As If Frame 원하는 상태 또는 목적이 이미 성취된 것처럼 행동하거나, 개인 또는 집단이 다른 사람이나 다른 존재인 것처럼 행동하는 방법'이라고 불리는 **강렬한 유도기술**입니다. 아무리 비현실적인 것이라도 만일 그것이 실현된다면 자신이 무엇을 할 것인지 어떠한 기분이 들지, 오감을 풀가동해 상상해 보는 것이죠. 그렇게 하면 시간의 흐름이 바뀌게 됩니다.

꿈이 실현되거나 목표가 달성되는 것은 반드시 '미래'입니다. 그렇기 때문에 그 상태를 뇌가 미리 맛봄으로써 **사고가 '미래'로 이동할 수 있는 것입니다.** 당연한 것이지만 'As If Frame'을 할 때는 시간의 흐름을 멈춰 두어야 합니다. 다른 작업을 하면서 하거나 어설픈 상상을 하려고 해선 안 됩니다(시간을 멈추고 심리적 시간을 연장시키는 '인타임' 방법에 대해서는 Part 3에서 소개하도록 하겠습니다). 그러나 설령 'As If Frame'을 사용한다 해도 빅 플랜을 선택하는 데는 상당한 용기가 필요합니다.

필자의 컨설팅 코스에 참가하는 사람들 중에는 빅 플랜을 그대로 받아들이는 사람들도 있지만 대부분은 그렇게까지 하는 건 무리라고 생각하죠. 그렇기 때문에 절충안을 무의식적으로 선택하게 되는 것입니다. 즉 챌린지 플랜과 빅 플랜 사이에 있는 '숨겨진 플랜'이 자연스럽게 등장하게 됩니다. 예를 들면 평균 90건을 발로 뛰던 영업사원이 처음에 200건 정도 하겠다고 합니다.

그러나 그 후에 필자가 '2배로 하라'고 하면 400건을 생각하겠죠. "만일 고객을 400번 만나야 한다면 어떤 아이디어가 필요할까?"라고 질문을 받았을 때 '출근해서 메일을 체크하지 않고 고객을 만나러 바로 나온다, 견적서 작성을 모두 보조에게 맡긴다, 밖에서 업무가 이루어질 수 있도록 회사에서 스마트폰을 지급 받는다'와 같은 생각을 했다고

예측되지 않는 '숨겨진 플랜'

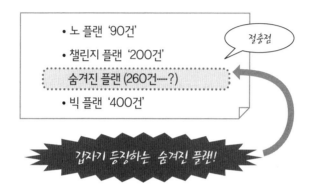

• 노 플랜 '90건'

• 챌린지 플랜 '200건'

숨겨진 플랜 (260건……?)

• 빅 플랜 '400건'

절충점

갑자기 등장하는 숨겨진 플랜!

합시다. 또 '회사에 출근하지 않고 바로 고객에게 간다, 매일 약 20개의 고객사를 방문하려면 체류시간을 10분 정도로 한다' 등으로 계획을 세우다 보면 '의외로 불가능한 것만은 아닐지도 모르겠다, 아니야. 아니지, 400건은 아무래도 무리지, 역시 안되겠어…' 라고 갈등하게 됩니다.

큰 결단을 내릴수록
더욱 상쾌해진다

이와 같이 수십 초 동안 마음속에 여러 가지 선택항목이 떠올랐다가 사라지며 절충점은 상대비교를 통해 찾을 수밖에 없습니다. 이는 과거와 다른 것을 하려고 하기 때문에 과거와 비교하게 되는 것입니다. 그렇게 되면 챌린지 플랜과 빅 플랜 사이에 정착하게 됩니다. 이 경우 240건에서 260건 정도가 될 가능성이 높습니다. '400건은 너무 많아. 하지만 200건 이상은 가능할 것 같은데. **조금 더 늘리지 뭐!**'라고 생각하게 됩니다.

여기서는 합리적인 판단이 필요 없습니다. 이러한 기세로 과감한 결단을 내리는 것이죠. 50건을 70건이나 80건 정도로 늘린 것이라면 지금까지 해오던 방법을 크게 바꾸지 않고 행동을 하게 되므로 오히려 더 고민스러울 것입니다. 그런데 50건이 190건이 되거나 90건이 260건 정도까지 늘어나면 지금까지 해오던 업무 방식으로는 절대 통하지 않기 때문에 시간 감각에 이상이 옵니다. 과거에서 미래로 향했던 시간의 흐름이 역류하기 시작하는 것이죠.

이렇게 되면 뇌가 일단 초기상태로 재설정Reset되면서 의식의 도약Take off이 가능하게 되는 것입니다. 노 플랜이나 챌린지 플랜이라면 '현상유지편향'을 깨는 것이 어렵기 때문에 둘 다 원래 상태로 돌아가 버릴 가능성이 있습니다. 비행기는 고도 약 1만 미터 상공을 납니다. 높이 날면 날수록 기체가 받는 공기저항이 적어지며 앞으로 나아가기 쉬워지기 때문입니다. 결단할 때도 마찬가지입니다. 비행기가 하늘 높이 날수록 적은 힘으로 더 멀리 날 수 있는 것과 같이 현상에서 많이 벗어난 플랜일수록 목표를 '절대 달성'할 가능성도 높아집니다.

필자의 코스에 참가할 때까지 고민스러운 표정을 짓던 영업사원들이 종료 후에 의외로 마음이 홀가분해졌다고 합니다. 이것은 비구름을 뚫고 날아 오를 때 청명하게 드러난 하늘을 보았기 때문입니다. 필자는 그것을 알기 때문에 제자리높이뛰기와 같은 변화만이 예상되는 플랜을 목표로 하는 사람들이 있다면 등을 '탁'하고 때려주고 싶습니다. 그 정도로는 제대로 날아오를 수 없고, 구름 위로 펼쳐져 있는 파란 하늘을 발견할 수 없기 때문입니다.

Perfect
Achievement
of Goal

Part 3

'의식儀式'의 힘이 결단력을 높인다

결단력을 위한 필수 조건

앞장에서는 필자의 컨설턴트 과정을 말씀드렸습니다. 그 결과, 결단을 미루고 있던 모든 영업사원들이 행동량을 향상시키는 결단을 내려주셨습니다. 그 비결 중 하나는 '삼자택일법'입니다. 그러나 이게 다가 아닙니다. 또 다른 비결이 있습니다. 한 번 맞춰 보세요.

컨설턴트 코스에 참가하는 영업사원들은 물론 참관인으로 입회한 경영관리자들에게도 강의장의 출입을 금지시키고 휴대전화 전원을 꺼두는 등 엄격하게 규칙을 만들고 **현장의 긴장감**을 고조시킵니다. 이렇게 **'현장'의 힘을 지렛대 원리로 활용**하면 커다란 성과를 거둘 수 있습니다. '선호의 역전' 현상이 일어나는 이유는 **'현장'과 '순서'의 영향을 받기** 때문입니다. '인타임' 안에 '결단의 함정'에 빠지게 하려면 자신만의 '의식儀式'이 필요합니다. **의식은 결단을 위한 필수조건**입니다. 여기에서는 올바른 결단이 가능한 '의식'에 대해서 소개하도록 하겠습니다.

심리적 시간을 연장시키는 '인타임'의 발상

'직감의 함정'을 피하는 방법으로 가장 효과적인 것은 스스로 잠시 시간을 멈추고 생각하는 습관을 기르는 것입니다. Part 1에서 '잘 생각해 주세요'라고 한 것은 '인타임을 만든다'는 의미였습니다. 아무 생각 없이 조건반사적으로 답을 할 것이 아니라 우선 멈춰서야 합니다.

'인타임'이란 1분이나 2분 정도의 짧은 시간 동안 뇌의 기본 회전수를 강제로 늘려 뇌의 부스터를 가동시켜야 할 때 사용하는 것입니다. "곰곰이 생각해 봤는데…"라는 상황을 억지로 만드는 것이죠. 이렇게 하면 강제적으로 노이즈도 제거됩니다.

필자는 컨설팅이나 연수 등에서 자주 '인타임'을 사용합니다. 강사가 일방적으로 이야기를 하기 때문에 수강자들이 '곰곰이 생각해 보니…'라고 할 만한 상황을 만들어 내는 것이 불가능합니다. 그렇기 때문에 어느 정도 일정한 시간이 경과하면 '인타임'을 사용해서 수강자들의 뇌의 기본 회전 수를 억지로 올립니다.

"지금부터 1분 동안 ○○의 문제점을 세 가지 찾아주세요. 준비, 시작."

스톱워치를 들고 참가자들에게 1분의 시간을 줍니다. 그러면 단 1분이지만 놀라울 정도로 수많은 아이디어들이 떠오릅니다. 시간이 남는다는 사람들이 대부분입니다. 회의를 1시간 한다 해도 이만큼 많은 아이디어가 나오지는 않을 것

1분의 '인타임'으로 시간의 흐름을 멈춰 세운다

입니다. 멍청히 앉아있다 보면 1시간 정도는 순식간에 지나고 말죠. 그래서 '인타임'을 사용해서 노이즈를 제거하고 시간의 흐름을 변화시켜야 합니다. 물론 물리적인 시간은 같지만, 심리적인 시간이 연장되면서 집중적인 사고가 가능해집니다.

왜 '의식의 힘'이 결단력을 높이는가

필자는 현장에서 행동개혁을 하는 컨설턴트입니다. '의식개혁'은 그 다음의 일입니다. '행동'을 변화시키지 않으면 의식도 변하지 않습니다. 필자의 컨설팅 강의는 우선 우렁찬 목소리로 인사를 하면서 시작됩니다. 그리고 의식을 종료하는 인사가 끝날 때까지 출입을 일절 금하고 있습니다. 물론 사전에 "당연히 지각도 조퇴도 안 됩니다. 전화를 바꿔 주려고 방에 들어 오는 일도 없도록 해주세요"라고 요청합니다. 그렇게 미리 이야기를 해두어도 지각하는 사람이 꼭 있습니다.

예전에 "첫 강의는 엄숙한 의식이므로 절대 지각해서는 안 됩니다"라고 필자의 직원이 컨설팅 담당 사무국에 강조해두었습니다. "만일 지각자가 나오면 어떻게 하죠?"라고 사무국에서 묻습니다.

"그러한 질문을 하는 것 자체가 매우 안타깝네요. 목표를 '절대 달성'하기 위한 프로젝트를 출범하는 자리입니다. 지각은 절대 하지 않도록 해 주십시오."

직원이 이렇게 못을 박으며 "만에 하나 지각자가 있다면 매우 곤란할 겁니다"라고 덧붙여 말했습니다. 예방차원에서 지각하지 않도록 미리 요청해 두었음에도 불구하고 당일 사장과 경영간부, 영업부서의 전원이 모인 가운데 참관인으로 입회할 기획부의 부장이 5분 정도 지각을 한 것입니다.

사무국 측은 '시간 엄수'를 전하기는 했지만 첫 강의가 얼마나 중요한지는 전하지 않았던 것 같습니다. 필자는 사장님이 앉아 있는 쪽으로 가서 "약속을 지키지 않으셨으니 저는 그만 돌아가겠습니다"라고 말했습니다. 그리고 사무국 측의 만류를 뿌리치고 강의장을 떠났습니다. 첫 강의를 포기하고 직원을 데리고 회사로 돌아와 버렸습니다. 물론 필자가 취한 행동은 커다란 후폭풍이 있었습니다. 그 뒤 남겨진 사장과 경영간부들은 왜 컨설턴트가 가버렸는지 사무국 측에 추궁했다고 합니다.

필자도 그렇게 하고 싶었던 것이 아닙니다. 하지만 의식은 '비일상적 공간' 속에서 거행되어야만 더 많은 성과를 낼 수 있습니다. 일상의 연장선상에서 행하는 것은 좋지 않습니다.

첫 강의를 포기하고 회사로 돌아오는 동안 필자도 직원도 한마디도 하지 않았습니다. 후회스러운 나머지 말이 나오지 않았습니다. 고객사 입장에서 생각하면 '돈도 정확히 지불했고 모두 바쁜데도 불구하고 집합해 있었는데 단 한 사람이 지각했다고 가버리다니 도대체 어쩌라는 거야?'라고 할 만한 일이었습니다. 하지만 다행히 그 후 전원이 반성 모임을 가졌다고 합니다.

"우리들은 조직개혁이라는 결코 녹록하지 않은 결단을 내렸다. 어설픈 생각으로 프로젝트에 참가하는 것은 용서할 수 없다!"고 사장님이 격문을 돌렸던 것입니다. 필자는 회사에 돌아와 직원에게 "우리가 잘못한 걸까?"라고 물었습니다. 직원은 잠시 생각한 뒤 "우리들이 '절대 달성'이라는 콘셉트를 내걸고 있는 한 다른 방법이 없다고 생각합니다"라고 대답해 주었습니다.

"이토록 무례한 행동을 하다니, 당신 회사와의 컨설팅 계약은 파기야!"라는 전화가 걸려 올 것이라는 각오를 하고 있었지만 실제로는 그 반대였습니다. 사장님이 직접 전화를 했습니다.

"이번엔 저희가 큰 실수를 했습니다. 다시 날을 잡아서 와주셨으면 좋겠습니다. 다음 번에는 반드시 전원 지각 없이 집합할 것이며 규칙을 지키겠습니다."

그리고 2주 후 다시 강의를 열게 되었습니다. 강의장에는 20분 전부터 전원이 바르게 앉아 우리들을 기다리고 있었습니다. 필자가 강의장으로 들어서자 사장님이 일어서서 목례를 해주었습니다. 이 모습을 보고 '의식'을 성공시킬 무대가 마련되었다고 생각했습니다. 물론 그 후 강의는 대성공이었습니다. 현장을 꽉 메운 긴장감 속에서 모두가 순서대로 임팩트 있는 행동선언을 해주었습니다.

이와 같은 필자의 태도를 보고 "어디서 잘난 척이냐?"라고 하시는 분도 있을 것입니다. 그러나 중요한 것은 클라이언트의 목표를 '절대 달성'시켜야 한다는 것입니다. 컨설턴트인 필자가 폼 잡고 있을 상황은 아니라는 거죠. 여기에서 소개한 대로 **'효과적인 의식'은 결단력이 없는 사람도 과감한 결단을 내릴 수 있게 한다는 것입니다.**

뉴로로지컬 레벨과 정체성

'의식'이 어떤 역할을 담당하고 있는지 뉴로로지컬 레벨 Neurological Level을 사용해서 설명하도록 하겠습니다. 뉴로로지컬 레벨이라고 하는 것은 NLP 이론 중에서 상당히 중요한 계층구조 모델입니다. 인간의 의식계층은 5단계의 피라미드 구조로 되어 있으며 위에서부터 정체성자기인식, 신념·

가치관, 능력, 행동, 환경으로 구성되어 있습니다. 이 순서에 따라서 필자 자신을 표현하면 다음과 같습니다.

- 나는 컨설턴트이다.
- 나의 가치관은 '절대 달성'이다.
- 나는 클라이언트의 행동을 혁신시킬 수 있다.
- 나는 5년간 5천 명에게 강의를 했다.
- 나는 나고야에 본사를 둔 컨설팅 회사에 소속되어 있다.

뉴로로지컬 레벨의 연구에 따르면 상위 레벨에서 하위 레벨로 가는 흐름이 훨씬 임팩트가 크다고 합니다그림 '뉴로로지컬 레벨의 구조' 참조. '정체성'이나 '신념·가치관'이라는 상위 레벨의 변화는 반드시 하위 레벨에 강하게 영향을 주고 일정한 변화를 일으킨다는 것입니다.

즉, 정체성이나 신념·가치관이 변화되는 것에 따라서 '능력'이 개발되거나 '행동'이 변화된다는 것이죠. 하지만 상위 레벨의 변화는 간단하지 않습니다. 그래서 하위 레벨인 '환경'이나 '행동'에 변화를 주는 방식이 보다 일반적입니다. 그만큼 자극이 크지 않지만 새로운 '행동'을 반복하는 것으로 상위 레벨인 '능력'이나 '신념·가치관'을 바꿀 수 있는 것입니다.

그러나 이 책에서는 '습관 = 자극×횟수'의 '자극'을 다루

뉴로로지컬 레벨의 구조

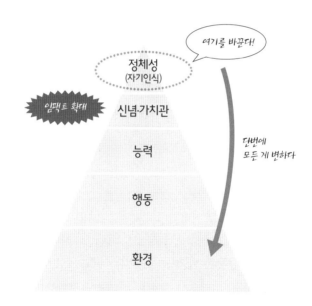

고 있습니다. 그래서 **의식을 이용하여 '정체성'을 단번에 변화시킬 수 있습니다.**

지위가 사람을 만든다

사람의 성장에 있어 가장 효과적인 것은 사람을 지도하는 입장이 되어보는 것이라고 생각합니다. '상사가 된다', '선배가 된다', '부모가 된다' 등은 모두 누군가에게 지도, 어드바이스를 하는 입장정체성으로 변화하는 것을 의미합니다. 비단 입장만 변하는 것이 아니라 책임이 따른다는 점이 중요합니다. 직급이 과장이 되어도 그 전처럼 사장이나 부장의 눈치나 살피고 있다면 진정한 의미에서 정체성이 바뀌지 않습니다.

정체성이 바뀌면 무의식 중에 커다란 변화를 느끼게 됩니다. 이것은 상당히 임팩트 있는 일입니다. 예를 들어 결혼해서 '나는 남편이다'라는 정체성을 갖게 되면 '아내를 소중히

여긴다'는 남편으로서의 신념이 생기며 남편으로서의 능력이 싹트게 됩니다. 당연히 행동도 변화하게 되는 것이죠. 아이가 생겨서 아버지가 되면 '나는 아버지다'라는 정체성이 생기고 아버지로서의 신념과 능력을 갖추게 됩니다. '좋은 아버지가 될 자신이 없다'고 말했던 사람조차 아버지처럼 행동하게 되는 것입니다.

점잖았던 사람이 운전을 하면 난폭해지거나, 회사에서 엄격한 상사가 귀가하면 자상한 아버지가 되는 것도 모두 정체성이 변화했기 때문입니다. 과장으로 승진하거나, 프로젝트를 맡거나, 국가자격시험에 합격했거나, 사내에서 최고의 영업 성적을 거둬 영업왕이라고 불리게 되거나…. 이와 같이 **어떠한 '꼬리표'가 달리느냐에 따라 '나는 누구인가'가 달라지는 것**입니다.

지위나 직급에 어울려서 칭호를 받는 것이 아니라 **먼저 직함을 얻음으로써 그 호칭에 맞는 능력이나 행동이 몸에 배게 되는 것**입니다. 그렇기 때문에 정체성이 바뀌는 기회를 최대한 활용해야 합니다. 예를 들어 과장으로 승진했다면 '이제까지 해온 대로만 하자'라는 생각을 버리고 새로운 결단을 해보는 겁니다. 지금까지 마음에 키워왔던 꿈을 현실에서 마음껏 펼쳐 보는 것은 어떨까요?

알맹이가 없는 의식은
그만두어야 한다

필자가 청년해외협력단원으로서 활동하던 중미의 과테말라는 마야 문명이 번영한 땅으로 현재도 국민의 약 50%가 마야계의 원주민입니다. 과테말라에서는 많은 의식이 행해졌습니다. 아이가 태어나서 성인이 될 때까지는 의식의 연속으로, 필자도 닭을 산 제물로 바치는 엄숙한 의식 같은 것을 몇 번인가 목격한 적이 있습니다. 특히 성인식은 성인 사회의 일원이 되었다는 것을 자각하게 하는 중요한 의식입니다.

성인식은 세계의 다양한 문화권에서 행해지고 있습니다.

번지점프나 발치拔齒, 할례割禮[6] 등 공포나 고통을 극복함으로써 성인으로 인정받는 가혹한 의식이 많습니다. 케냐의 마사이족 남성들의 경우, 14세가 되면 혼자 사바나에 들어가서 사자의 숨통을 끊어 놓아야만 성인으로 인정받을 수 있습니다. 실로 자신의 생명을 걸고 성인식에 임해야 하는 것입니다.

이렇게 고난이도 의식을 치름으로써 그들의 정체성은 완전히 변하게 됩니다. 성인으로서의 자각이 싹트는 것은 물론 지역사회에서 성인으로서의 역할을 제대로 하게 되는 것입니다. 이러한 의식이 지금까지도 행해지고 있는 사회는 아이들이 빨리 성인이 되어야만 하는 곳입니다. 한 사람의 어엿한 성인이 되어 가계를 돕고 결혼을 해서 아이들을 길러야 하기 때문에 임팩트가 있는 의식으로 정체성을 단숨에 변화시키고 가치관이나 행동을 바꾸는 것입니다. 미개의 땅에서 행해지는 장엄하고 신비로운 의식을 그대로 보고 배울

---

6)고대부터 많은 민족 사이에서 행하여 온 의식의 하나로, 음경의 포피包皮를 잘라 내는 풍습

필요는 없습니다. 다만 새로운 직급이 생겼을 때는 과거를 재설정하고 성장해 나가기 위한 '의식의 파워'를 효과적으로 활용하는 것이 좋습니다.

신입사원들을 위한 '의식'의 임팩트

필자는 컨설팅 고객사에 신입사원이 들어오면 가능한 한 '의식'을 치르게 합니다.

"U주임에게 배우면서 조금씩 일을 익혀나가도록 해."

"어깨의 힘 빼고 천천히 배워가면 되지 뭐."

'최근 젊은 사람들은 도대체 무슨 생각을 하고 있는지 잘 모르겠어. 너무 자극을 줬다가는 의기소침해 할 수 있으니 조심해야지'라며 부드럽고 조심스럽게만 다가가려는 상사와 선배가 많아졌습니다. 필자는 종종 간부들 앞에 신입사원을 한 사람씩 불러 선언하게 합니다.

이때 선언의 내용은 '행동 레벨'에 대한 것입니다. 다짐이나 사고방식에 관한 것이 아닙니다. 어떤 것이라도 상관없이 **목표 행동을 정해서 설정하는 것**입니다. 행동을 설정한다는 것은 '끝까지 완수한다', '자물쇠를 잠근다'라는 의미입니다. 고객 방문 횟수, 상사와의 상담 횟수, 매뉴얼을 수정하는 횟수 등 정말 어떤 내용이라도 상관없습니다.

요즘 남녀노소를 불문하고 목표를 끝까지 완수하지 못하는 사람이 점점 늘어나고 있습니다. 끝을 맺지 못할 것이라며 처음부터 포기하고 목표를 말하는 것조차 주저하는 사람도 많습니다. 이러한 나쁜 습관이 몸에 배면 제거하는 데도 상당한 시간이 걸리게 됩니다. 의식을 통해 처음부터 '스스로 목표 행동을 설정하고, 설정한 행동은 끝까지 완수하는 사람'이라는 정체성을 확립해야 합니다. 사람들 앞에서 약속하지 않더라도 '나의 결의'와 같은 리포트를 만드는 것이 좋습니다. 임팩트는 약해지겠지만 글로 적어 보는 것만으로도 기분을 새롭게 할 수 있습니다.

예전에 어느 컨설팅 고객사의 영업부장이 신입사원 두 명을 반년 동안 교육한 일이 있었습니다. 어느 날 그 신입사원들이 컨설팅 코스에 참여하였습니다. 입사한 지 6개월밖에 되지 않은 젊은 사원 두 명이 갑자기 참여했기 때문에 놀라서 사장님에게 물어 보았습니다.

"아, 요코야마 씨는 몰랐나요?"

사장님은 필자가 몰랐다는 것 자체를 더 놀라워했습니다.

"올해 4월에 입사한 I씨와 N씨입니다. 잘 부탁드리겠습니다."

필자와 사장님이 마주 보고 있는 동안 영업부장이 그들을 소개했지만 이미 I씨와 N씨는 필자를 적대시하면서 인사도 하지 않았습니다. 원래 영업부장은 필자와 사장님이 함께 열성적으로 추진하고 있던 조직개혁에 대해 소극적이었으며, 힘들게 뽑은 신입사원이 '개혁파'에 물드는 건 좋지 않다고 생각하고 있었습니다. 두 사람 모두 입사한 지 반년도 되지 않았는데 강력한 '현상유지편향'에 빠져 있었습니다.

"요코야마 씨는 우리 업계에 대해서 어떻게 생각하시나요?"

"그렇게 해 봤자 스트레스만 받을 뿐 효과가 없을 것 같은데요."

마치 영업부장의 클론인 것 같은 말본새로 두 사람은 컨설턴트인 필자에게 덤비듯 말했습니다. "돌이킬 수 없겠어"라며 사장님은 크게 실망했습니다. 매우 우수하다고 기대했던 두 명의 신입사원은 행동하려 하지 않고, 머리만 커져 버린 것입니다. 그들의 '현상유지편향'을 깨고 목표 행동을 설정하기까지 반년의 시간이 더 필요했습니다.

어떤 기능이나 새로운 지식을 몸에 익혀야 할지보다는 먼저 처음부터 훈련을 통해 '각오를 다진다', '결정한 것은 끝을 맺는다' 등의 생각을 갖는 것이 매우 중요합니다. 리더십을 발휘할 경우는 말할 것도 없고, 적어도 부하 직원을 지도하는 입장이 되기 전까지는 그렇게 해야 합니다. '결단력'은 중요한 기술입니다.

인생의 분기점을 이용해
동기를 부여하는 자극을 준다

'한 단락이 끝나는 시점'은 의식을 행하기에 최적의 타이밍입니다. 어떠한 분기점이라도 상관없습니다. 1월 1일이나 무언가를 시작하는 첫 날이나 생일, 입사일, 결혼기념일, 아이 생일 등도 좋습니다. 또한 입사한 지 5년, 결혼한 지 10년, 사업을 시작한 지 5년, 사장이 된 지 1년 등 찾아보면 의외로 단락이 많이 있습니다.

이와 같은 분기점에 의식을 행하면 임팩트는 극대화됩니다. 예를 들어 필자는 이직한 달이 7월이라서 매년 7월이 되면 '올해로 벌써 ○○년째지'라며 마음을 다잡고는 합니다. 아이들의 진학이나 취직, 결혼 등 중요한 분기점마다 '나도 좀 더 분발해야지' 혹은 '앞으로의 삶을 어떻게 살아야 하나'에 대해 생각하는 사람도 있을 것입니다. 조직이라면 '이제 슬슬 내년 목표를 세워야지'나 '인사 이동을 계기로 전 부서의 분위기를 쇄신해야겠다'고 생각할 수 있을 것입니다. 분기점이라는 절호의 기회를 잡으세요. 그리고 자신이나 조직을 변화시킬 결단을 내리십시오.

시기가 적절하지 않고 한동안은 분기점이라고 할 만한 것이 없다면 달이 바뀌는 '월초'나 주가 바뀌는 '월요일'에 의식을 행하는 것도 좋은 방법입니다. 그 중에서도 하루가 시작되는 '아침'은 가장 찾기 쉬운 분기점입니다. 뭔가 결단하고 싶은 것이 있을 때 아침 시간을 이용해서 맑은 정신으로 의식을 하면 매우 효과적일 것입니다.

다음 Part 4에서는 결단의 신무기, '아침의 삼자택일'을 소개하겠습니다. 이 방법은 '의식'을 통해서 먼저 시간의 흐름을 멈춰 세웁니다. 그 다음 '삼자택일법'을 활용하여 '선호의 역전' 현상을 일으켜 자극을 최대화하는 것입니다. 여기서 필요한 것은 A4 사이즈의 종이와 필기도구, 그리고 타이머입니다. 부담스러운 '의식'이 아닙니다. 아침 단 2분의 의식으로 과감한 결단이 가능합니다. 그 경이로운 기술을 지금 설명하겠습니다.

Part 4

결단의 신무기 – 아침의 삼자택일

혼자, 2분 만에
경이로운 결단을 내린다

집에서 혼자, 그것도 2분 만에 경이로운 결단을 내릴 수 있는 **방법**을 전수해 드리겠습니다. '아침의 삼자택일'이란 Part 2에서 소개한 '삼자택일법'과 Part 3에서 설명한 '의식'의 진수를 조합한 것입니다. 이것이 바로 결단을 내리지 못하는 우유부단한 당신이 결단을 내릴 수 있도록 도와주는 '결단의 함정'입니다.

손쉽게 실천할 수 있으며 스스로 놀랄 정도로 확실한 결단의 효과를 가져올 수 있습니다. 그리고 결단을 내린 뒤에는 마치 비구름을 뚫고 하늘 높이 올라가는 듯한 상쾌한 기분을 만끽하게 됩니다.

단, 뇌가 '감정계'에 지배당하고 있는 상태라면 실행하기 전부터 김칫국을 마시는 것은 금물입니다. 감정계에 지배당해 '아침의 삼자택일'을 실행하는 자체를 성가시다고 생각할지도 모르니까요.

노이즈를 제거하고 '사고계'를 우위에 둔 상태를 유지하는 것이 '아침의 삼자택일'을 실행하기 위한 전제조건입니다. 우선 앞에서도 이미 소개한 '삼자택일법'과 마찬가지로 세 종류의 선택항목인 '노 플랜', '챌린지 플랜', '빅 플랜'을 준비합니다. 여기서 착각하지 말아야 할 것은 회사를 그만두겠다 그만두지 않겠다는 결단이나, 사귀고 있는 상대와 헤어진다 헤어지지 않는다는 결단 등과 같이 양자택일의 결정 사항이 아니라는 것입니다. 일정한 목표를 '절대 달성'하고 이를 위한 플랜행동 계획을 어떻게 준비해야 할지 선택하는 행동입니다. 여기에는 반드시 '기한과 목표치'가 있어야겠죠. 이것이 전제되어야 합니다.

"가능한 빨리 다이어트에 성공하고 싶다."

"하루 빨리 영어회화를 잘하고 싶다."

이와 같은 애매모호한 꿈은 안 됩니다.

"7월 31일까지 체중을 70kg까지 **빼겠다**. 2월 1일 현재 체중은 90kg."

이처럼 구체적인 목표가 있어야 합니다. 기한을 표기할

때는 반드시 날짜를 기입합니다. '6개월 후'라든가 '1년 이내' 등의 표현은 시간을 멍하니 흘려 보낼 가능성이 높습니다. **날짜를 명확하게 명기하는 것이 '절대 달성'의 열쇠입니다.** 그리고 **실현 정도도 수치화**해야 합니다.

기한과 목표치를 올바르게 설정한 다음, 챌린지 플랜과 빅 플랜을 계획합니다. 포인트는 챌린지 플랜이 갈등을 느끼는 플랜이어야 한다는 점입니다. **빅 플랜은 그 목표치가 너무 높아서 헛웃음이 나올 정도로 빡빡하게 짜세요.** 자신이 생각한 빅 플랜을 보고 갈등을 느낀다면 좀 더 과감해지는 것이 좋습니다. 만약 혼자서는 빅 플랜을 짜지 못하겠다면, 친구에게 조언을 구하는 방법도 있습니다.

회사에서 '영어를 공부해라', 'TOEIC에서 750점을 맞아라'라는 지시를 받아 11월 시험에서 750점을 '절대 달성'하겠다고 결심했다고 생각해 봅시다(현재는 2월, 점수는 580점). '11월에 그 점수를 꼭 획득해야지'하고 목표를 정했지만, 어떻게 해야 달성할 수 있을지 도통 모르겠고, 고민만 하다 보니 전혀 진전이 없고, 공부하겠다고 마음 먹지만 진도가 안 나간다면 현재 상황을 바꾸기 위한 '절대 달성'의 행동 계획을 결정해야 합니다.

'As If Frame'으로 빅 플랜에 초점을

이때 챌린지 플랜과 빅 플랜을 구상합니다.

- **챌린지 플랜**
  주 2회, 밤 7시부터 2시간 동안 역 앞의 영어회화학원을 다닌다.

- **빅 플랜**
  4월부터 반년 동안 미국 유학을 간다. 미국의 어학원에 다닌다.

여기에 노 플랜인 '일주일에 한 번 TOEIC 참고서를 10분 정도 바라본다'를 첨가합니다. 세 가지 선택항목이 갖춰졌다면 노 플랜과 챌린지 플랜을 이튿날 아침까지 머릿속에서 지우십시오. 그리고 **'As If Frame'을 사용해 빅 플랜에만**

초점을 맞춥니다. 만약 빅 플랜을 선택했다면 구체적으로 자신이 무엇을 할 것인지, 그리고 어떤 기분이 될지 오감을 풀가동해 상상해 봅니다.

이 과정이 올바르게 행해지지 않으면, '아침의 삼자택일'도 성공할 수 없습니다.

이는 명확한 목표를 세우고 그 목표를 '절대 달성'하고 싶다는 적극적인 의지가 있지만, 어떻게 해야 할지 모르겠고 머릿속에서만 맴돌 뿐 전혀 진도가 나가지 않는 '결단을 내리지 못하는 사람'이 대상입니다. 이들은 빅 플랜을 세워서 그 계획을 실행하면 어떻게 될지 상상만으로 생생하게 맛볼 수 있을 것입니다.

오감을 사용해 상상 체험을 하기 위해서는 어느 정도 플랜을 자세하게 조사해야 합니다. 예를 들어, 4월부터 반년 동안 미국으로 유학을 가겠다는 계획을 짠 만큼 인터넷이나 관련 회사에 연락해 상세하게 조사합니다. 시각을 자극하는 계획표나 체크리스트 등 비주얼적인 소재를 활용한다면 실행력을 높이기가 쉬울 것입니다.

또 미국 유학이라면 관련 팸플릿이나 신청서, 다이어트라면 피트니스클럽의 전단지나 DM 등도 좋은 비주얼입니다. 그리고 **빅 플랜을 실시할 경우 구체적인 스케줄을 수첩에 적어 보십시오.**

"그렇게까지 해야 해?"라고 생각하는 분도 있을지 모르겠습니다. 하지만 기껏해야 1~2시간 정도만 투자하면 됩니다. 실제로 도서관이나 관련 업체를 방문해서 조사하거나 팸플릿을 입수해도 좋습니다. **빅 플랜은 어차피 선택하지 않을 플랜이니까요.** 그래서 1주일, 2주일이나 시간을 들일 필요가 없습니다. 그러나 조금은 시간을 투자할 필요가 있습니다. 노력을 들인 만큼 'As If Frame'을 사용한 이미지 트레이닝의 질은 높아지기 때문입니다.

그럼 해외 유학이라는 빅 플랜을 상상해 보죠(이미지 트레이닝할 때는 지나치게 장소에 연연할 필요는 없습니다. 그래도 노이즈가 적은 장소에서 집중해서 실행해 보세요). 아래에 적은 내용처럼 오감을 사용해 상상하는 데 성공한다면 '아침의 삼자택일' 효과는 향상될 것입니다.

- 일리노이주의 커뮤니티칼리지에 입학한다. 홈페이지 등을 통해 해당 대학의 캠퍼스와 학생의 분위기를 살펴보고 자신의 캠퍼스 라이프를 상상한다. 캠퍼스 곳곳을 꼼꼼하게 이미지 트레이닝해 본다.

- 대학 부근에 어떤 관광지가 있는지를 조사해 주말에 어디로 외출할지 이미지 트레이닝해 본다. 조사 결과, 시카고라는 대도시가 있으며 스포츠 활동이 활발하였다. 메이저리그 야구팀인 '시카고 화이트삭스'와 프로농구팀인 '시카고 불스'가 유명하다. 관광객도 많아 전 세계 사람들이 찾고 있어 유학생들의 국적도 다양하다는 점을 상상할 수 있다(**그것이 사실인지의 여부는 이때 중요하지 않다**).

- 홈페이지에 댓글 등이 올라와 있다면, 이를 참조해 학교 생활을 하면서 매일 어디서 식사를 할지 생각해 본다. 아침은 홈스테이하는 집에서 미국식 블랙퍼스트를, 점심은 클래스메이트인 캐나다인, 콜롬비아인과 함께, 저녁은 스타벅스에서 커피를 마시면서 복습을 한다.

- 매일 인터넷 전화를 이용해 가족과 연락을 한다. 편지를 쓰거나 아이가 보낸 아빠 얼굴이 그려진 편지를 읽고 눈시울을 적시는 일들을 상상한다.

- 중국인 동기와 함께 '시카고 화이트삭스'의 경기를 보러 간다. 스타디움의 열기에 휩싸여 단숨에 팬이 되어 버린다. 마치 어린아이로 돌아간 듯 천진난만하게 응원한다.

- 같은 나라 사람과는 가급적 접촉하지 말고 매일 영어회화에 빠져 산다. 대학 시절을 떠올린다. 뜨거운 열정이 가슴 깊은 곳에서 용솟음친다.

- 반년 동안의 유학 생활이 끝날 무렵에는 동기, 홈스테이 가족, 단골 스타벅스의 여직원들과 눈물의 이별을 한다. "꼭 1년 안에 돌아올 테니까!"라고 말하며 귀국한다.

빅 플랜을 실마리로 갖가지 정보를 수집해 이러한 내용들을 잇달아 이미지 트레이닝해 봅니다. 어떤 상상의 나래를 펼쳐도 상관없습니다. 왜냐하면 빅 플랜을 선택할 일은 거의 없기 때문입니다. 현실적인 플랜은 갈등을 느끼기 마련이지만, 빅 플랜은 현실에서 일어나지 않는다는 가정 하에 하기 때문에 즐겁게 상상할 수 있습니다.

"선택하지 않을 플랜은 짜봐도 무용지물"이라든가 "상상해 보려 해도 상상력이 없어서인지 잘 되지 않는다"고 말하는 사람이 있습니다. 하지만 **완전한 착각입니다**. "상상을 못 하겠다"고 하는 사람은 대부분 '상상해 보자'라는 '결단'을 내리지 못할 뿐입니다. 도전을 하지 않는 거죠. 즉 **'상상력'이 없어서가 아니라 '결단력'이 없어서입니다**. 상상해 보려 해도 이미지가 잘 그려지지 않는 게 아니라 애당초 이미지 트레이닝을 해 보려고도 하지 않아서입니다.

빅 플랜을 선택했을 때 어떤 체험을 할 수 있을지 상상조차 하지 못한다면 목표를 '절대 달성'하려는 결단도 잘 될 리가 없습니다. 불가능하다는 이유는 핑계일 뿐입니다. 일단 시도해 보세요. 빅 플랜을 선택했을 때의 상상 체험을 만끽했다면 입가에 저절로 미소가 번질 겁니다.

"이런 일은 현실적이지 않지만, 이렇게만 된다면 정말 좋을 거야."

"불가능한 일이지만 상상만으로도 확실하게 즐거움은 보장될 것 같아. 성취감을 느낄 수 있을 거야."

그렇게 서서히 가슴이 따뜻해지는 것을 느꼈다면 성공입니다.

"그래도 현실적으로는 터무니없는 일이야"라고 냉소적인 '생각 노이즈'가 생기지 않도록 그 감각에 철저하게 몰입해야 합니다.

이미지 트레이닝은 '아침의 삼자택일' 전야에

얼마나 빅 플랜에 열중할 수 있는지, **자신을 잊을 정도로 이미지 트레이닝할 수 있는지가 성공의 열쇠**입니다. 그리고 그 감각을 유지한 채 잠자리에 들어야 합니다. 빅 플랜의 **이미지 트레이닝은 반드시 '아침의 삼자택일'을 하는 전날 밤에** 해주세요. 만약 그날 밤에 회식이 있거나 잔업으로 바쁠 것 같다면 그런 날은 피합니다. 왜냐하면 시간을 투자해 집중할 필요가 있기 때문입니다.

전날 밤에는 평소보다 1시간 일찍 잡니다. '아침의 삼자 택일'은 분명 손쉽게 실천할 수 있는 **결단 의식**입니다. 그러 나 '의식'인 이상 평소와는 다른 핵심 요소를 첨가할 필요가 있습니다. 특별한 분위기를 연출하는 것이 좋고, 몸과 마 음이 건전할수록 적극적으로 결단을 내릴 수 있습니다. 이 를 위해 **평소보다 1시간 일찍 잠자리에** 듭니다. 모든 노이 즈를 차단한 상태에서 잠자리에 드는 것이 좋으므로 텔레비 전을 보거나 메일을 체크하지 않습니다. 이미지 트레이닝을 하면서 목욕을 하고 이를 닦은 다음, 그대로 이불을 덮습니 다. 잠이 부족하거나 컨디션이 좋지 않으면 당연히 '감정계' 가 우위인 상태로 바뀔 가능성이 높아집니다. 초조함이 있 으면 적극적인 의사 결정을 내리기 어려우므로 컨디션 조절 에 충분히 주의합니다. 경우에 따라서는 **컨디션을 되찾을 때까지 '아침의 삼자택일'을 뒤로 미루십시오.**

관건은 'Double Framing' 후

그럼 실제로 실행에 옮겨 봅시다. **아침에는 평소보다 1시간 일찍 기상**합니다. 매일 아침 7시에 일어난다면 6시, 아침 6시에 눈을 뜬다면 5시에 일어납니다. **가급적 해가 뜨기 전**이 좋습니다. 평소보다 일찍 눈을 떴으니 기분이 아주 상쾌하겠죠. 밖에서 들려오는 잡음이나 떠들썩한 노이즈도 없고 실내에 청량감이 퍼지는 분위기 속에서 '아침의 삼자택일'을 실시합니다.

스트레스 내성이 가장 높은 시간대는 기상 후 20분 뒤라고 합니다. 그러므로 기상한 후 세수를 하고 이를 닦고 매무새를 정돈했다면 곧바로 '아침의 삼자택일'에 돌입합니다. 전날에 실시한 '빅 플랜의 이미지 트레이닝'과 비교해 '아침의 삼자택일'에 투자하는 시간은 극히 짧습니다. **'2분'이라는 '인 타임IN TIME'을 만들어 결단**을 내립니다. 정신을 집중해야 합니다.

당연히 모든 노이즈를 제거합니다. **혼자만의 공간을**

마련하는 게 중요합니다. 만약 집에서 실시하기가 곤란하다면 부근의 찻집이나 카페에서도 좋습니다. 잡음이 있겠지만 가족 등 가까운 사람의 옆보다는 오히려 낫습니다. 메일 확인이나 신문 체크, 웹사이트 열람도 일절 안 됩니다. '아침의 삼자택일'을 끝내고 나서 휴대전화의 전원을 켜십시오.

그럼 지금부터 구체적으로 **'아침의 삼자택일'** 순서를 소개해 보겠습니다. 우선 A4 용지를 1장 준비합니다. A4 용지가 없어도 무방합니다만, 비교적 큰 종이를 추천합니다. 중요한 '의식'인 만큼 전단지의 뒷면 등을 이용하는 것은 삼가주세요. 그 다음 **타이머로 '2분'을 맞춥니다.** 이때도 휴대전화나 스마트폰 등의 애플리케이션을 사용해 시간을 측정하는 일은 자제해 주세요. '아침의 삼자택일'이 끝날 때까지는 이런 외부 네트워크 기기의 전원을 켜지 않는 것이 바람직합니다. 이는 노이즈를 차단하기 위해서입니다(Part 5 '의사결정이 빨라지는 노이즈 캔슬링' 참조). 타이머로 시간을 맞춰 놓은 다음 긴장을 풀고 두세 번 심호흡을 한 후 '아침의 삼자택일'을 시작합니다. 타이머의 시작 버튼을 눌러 주십시오.

그리고 '2분' 이내에 의식을 끝냅니다.

우선 새하얀 종이에 **'절대 달성'하고 싶은 목표와 기한을 적습니다.** 이번 사례를 예로 들어보면 '11월에 TOEIC 750점 이상에 도달한다'입니다. 그리고 노 플랜, 챌린지 플랜, 빅 플랜을 위에서부터 순서대로 적어 내려갑니다.

- 일주일에 1번, 참고서로 10분 공부
- 일주일에 2번, 역 앞 영어회화학원에 다닌다
- 4월부터 반년 동안 미국에서 유학한다

일필휘지로 써 내려갑니다. 여기까지는 1분도 채 걸리지 않습니다. 머릿속에 '생각 노이즈'가 끼여들 여지가 없는 상태에서 다음 단계를 진행합니다. 다음은 'Double Framing'입니다. **혼자서 '의식'을 치를 경우에는 '객관적인 눈'을 의도적으로 설정할 필요가 있습니다.** '객관적인 눈' 역할을 담당하는 기술이 Double Framing입니다. Double Framing이란 플랜을 선택할 때 성공할 확률과 실패할 확률 양쪽을 수치로 표현하는 것입니다.

'성공할 확률은 몇 %인가?', '몇 %의 확률로 실패할 것인가?'라고 한쪽이 아니라 양쪽으로 플랜을 평가합니다. 이를 Double Framing이라고 부릅니다. Double Framing을 사용하면 직감에 의존한 의사 결정이 가능해지며 보다 냉정한 판단을 내릴 수 있습니다. 각각의 플랜을 Double Framing 하여 '성공할 확률/실패할 확률'을 원그래프로 그립니다. **깊게 생각할 필요 없이 짐작하면 됩니다.** 성공 여부는 플랜의 전문가라고 해도 100% 예측하기 어렵습니다. **자신의 감각에 의존해서 적습니다.** 절대적인 확률치는 중요하지 않으며, 세 가지 선택지 중 어떤 플랜이 **'성공할지', '실패할지'만 상대적으로 알 수 있으면 되기 때문입니다.**

그러나 이때 뜻밖의 상황이 벌어집니다. 실제로 Double Framing을 해보면, 자신이 적고 있음에도 불구하고 의외의 수치가 출현하는 경우가 종종 있기 때문입니다. 이번 사례는 실제로 필자의 친구인 Y가 '아침의 삼자택일'을 실천한 경험을 바탕으로 하고 있습니다. Y는 외국계 보험회사의 영업 매니지먼트 업무를 담당하고 있는 32세의 남성입니다.

영업 성적도 매니저로서의 역량도 나무랄 데가 없습니다. 하지만 회사 규정상 영어실력을 향상시켜야 함에도 불구하고 좀처럼 의욕이 생기지 않았습니다.

일도 있고 그 외 시간은 가족과도 시간을 보내야 하니 좀처럼 본격적으로 영어 공부할 마음이 생기지 않았던 것입니다. 그러나 TOEIC 시험날은 11월로 정해져 있습니다. 회사 방침도 납득이 되고 꼭 해야 한다는 것도 알지만 좀처럼 결단을 내리지 못하고 있는 모습을 보고, '아침의 삼자택일'의 실천을 권했습니다.

선택항목은 앞에서 설명한 세 가지입니다. 그리고 드디어 'Double Framing'을 하려고 할 때, 예상치도 못한 내용을 적고 있었다고 합니다. 세 가지 선택항목이 있으면 중간을 고를 거라고 Y는 상상했다고 합니다. 막연하게 일주일에 두 번 정도 역 앞의 영어회화학원에 다닌다는 결단을 내릴 것이 뻔하다고. 그런데 실제로 'Double Framing'을 해 보니 그림과 같은 결과가 나타났습니다.

- **노 플랜**

  일주일에 1번, 참고서로 10분 공부(0%/100%)

- **챌린지 플랜**

  일주일에 2번, 역 앞의 영어회화학원에 다닌다(20%/80%)

- **빅 플랜**

  4월부터 반년 동안 미국에서 유학한다(90%/10%)

여기서 주목해야 할 포인트는 챌린지 플랜의 성공 확률이 의외로 낮았다는 점입니다. Y는 스스로 써보고 놀랐다고 했습니다. 애당초 역 앞의 영어회화학원 수강을 떠올린 것은 우연히 주변을 걷다가 전단지를 받은 것이 계기였습니다.

그 후 TOEIC 점수를 올리려면 역 앞의 영어회화학원을 활용하는 게 최선이라고 막연히 생각하게 됩니다. 그러나 모든 노이즈를 차단한 다음 냉정하게 생각한 결과, 역 앞의 영어회화학원은 영어회화 자체의 실력을 쌓는 학원으로, TOEIC 점수 향상과 직접적인 연관성이 없다는 사실을 깨달았습니다. 그런 당연한 사실을 왜 이제서야 깨달았느냐며 의아해할지도 모르겠습니다. 하지만 이러한 현상은 빈번하게 일어납니다.

'성공한다 – 실패한다'로 나타낸 Double Framing

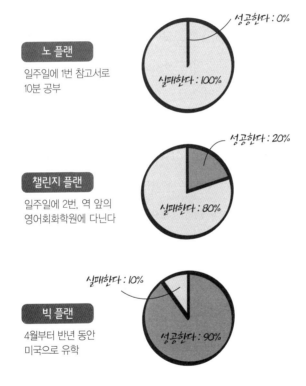

노 플랜

일주일에 1번 참고서로
10분 공부

성공한다 : 0%
실패한다 : 100%

챌린지 플랜

일주일에 2번, 역 앞의
영어회화학원에 다닌다

성공한다 : 20%
실패한다 : 80%

빅 플랜

4월부터 반년 동안
미국으로 유학

실패한다 : 10%
성공한다 : 90%

예를 들어 다른 분에게 '아침의 삼자택일'을 권했을 때도 똑같은 일이 벌어졌습니다. 그 분은 '두 달 동안 5kg 감량'을 주제로 '아침의 삼자택일'을 실천했습니다. 챌린지 플랜에서 설정한 것은 '매일 초콜릿이나 케이크 먹지 않기'였습니다. 본인에게 초콜릿이나 케이크를 매일 먹지 않는 행위는 대단히 큰 갈등을 일으키는 일이지만, 냉정하게 생각하면 그것만으로 5킬로그램을 감량할 수 있을지 여부는 알 수 없습니다. 이 분도 Double Framing을 한 결과, '성공 확률 30%, 실패 확률 70%'라고 자신의 손으로 적었습니다.

평소 직감으로 매사를 판단하는 버릇이 있다면 이런 착각 더욱이 확률이 낮은 플랜에서의 갈등에 쉽게 빠지고 맙니다. Double Framing 방법은 자신이 직접 쓰는 것인 만큼 설득력이 다릅니다. 반론의 여지가 없습니다.

컨설팅 현장에서도 마찬가집니다. 클라이언트에게 "어떻게 하면 목표를 달성할 수 있다고 생각하나요?"라고 질문하자, "더 저렴해지면 팔리겠죠", "홈페이지를 개편해야 해요" 등 미지근한 답변이 돌아오기도 합니다. 정말 가격이 타사

보다 싸면 목표를 달성할 수 있을까요. 홈페이지 개편만으로 결과를 도출할 수 있을까요.

이렇게 평소 생각하고 있는 플랜은 의외로 이도저도 아닌 게 대부분입니다. 스스로 Double Framing을 실시해 보면 알 수 있습니다. 20%라든가 30%와 같은 수치상의 근거는 없습니다. 본인이 그 방법을 선택해도 확률적으로 성공하지 못할 거라는 것을 깨닫게 될 겁니다. 'B·A·D 노이즈'를 제거하고 단기간인타임 집중해서 생각하므로 냉정하게 판단을 내릴 수 있습니다. 평소 노이즈 탓에 얼마나 뇌의 판단 능력이 떨어져 있는지를 알 수 있습니다.

'아침의 삼자택일'은 어떻게 탄생했을까?

필자가 경영컨설팅 전문회사인 어택스ATTAX에 입사해 새로운 컨설팅 사업을 맡았을 때, 실적은 몇 년 동안 저조했습니다. 세미나를 계속해 미래의 고객을 늘리려고 아등바등

해도 고객을 모으는 게 여간 어려운 일이 아니었습니다. 그 무렵 필자에게는 '목표 달성'과 같은 몰두할 수 있는 모토가 없었습니다. 안 되는 것은 어떻게 해도 안 되고, 목표를 달성하지 못하는 것은 자신의 책임이 아니라는 생각을 기본적으로 갖고 있었죠.

그런데 멈춰 서서 곰곰이 생각해 보니 '실은 할 수 있는 게 아닐까?', '내가 도망치고 있는 건 아닐까?' 하는 생각이 들었습니다. 그래서 고민한 끝에 2주에 한 번 코칭을 받기로 결정했습니다.

당시 필자는 뭘 해도 번번이 실패하는 탓에 지푸라기라도 잡고 싶은 심정으로 1년 반 정도 일류 코치에게 필자를 온전히 맡겼습니다. 코칭을 받으면 매번 아주 상쾌한 기분이 들었습니다. 그 자리에서는 '파이팅!', '이번에야말로 할 수 있어!'라고 굳게 다짐했습니다. 하지만 왠일인지 좀처럼 그 다짐은 행동으로 이어지지 않았습니다. 매일 업무에 쫓기다 보니 처음 결단했을 때의 기분이 금세 없어졌습니다. 당연히 코치는 훌륭한 분이었습니다. 그럼에도 저는 행동을 바꾸지 못했습니다. 스킬도 없고 실력도 없는 필자에게는 결단력도 행동력도 없었습니다. 목표를 달성할 수 있는 능력이 아무 것도 없었습니다.

그래서 코칭을 받으면 받을수록 자신이 얼마나 쓸모가 없고 의지 박약한 인간인지를 새삼 깨닫게 되었습니다. 번민하는 나날을 보내고 있던 필자는 어느 유명 강사의 세미나를 수강한 후 **운명을 바꾸는 결단**을 내리게 됩니다. 지금이야 부끄럽기 짝이 없는 결단입니다만 당시에는 나름 아주 진지했습니다.

그 강사는 10년 가까이 일본 유수 두뇌 집단의 인기 투표에서 1등을 놓치지 않던 인물이었습니다. 역시 프로 중의 프로였습니다. 하루에 6시간이 넘는 세미나임에도 불구하고 눈 깜짝할 사이에 끝날 정도로 필자는 푹 **빠졌습니다**. 세미나 자체도 재미있었고 배울 점도 많았죠. 필자는 당시 세미나 강사로서 스킬을 닦으려고 생각하던 때여서 강렬한 인상을 받았습니다. 그날 바로 회사의 홍보실에 근무하는 O씨에게 전화로 소감을 전했습니다.

"역시 대단했어요. 세미나 강사가 그렇게까지 수강자를 사로잡을 수 있다니 정말 놀랐어요."

참고나 하려고 간 건데 생각 외로 깊은 감명을 받았다고 솔직하게 전했습니다. "나 같은 건 쫓아가지도 못해", "수준이 너무 높아"라고 스태프 O씨에게 푸념을 늘어놓기 시작했습니다. 그런데 그녀는 제 이야기를 얼추 듣고는 "저도 그 강사 세미나를 수강한 적 있는데요. 전 요코야마 씨가 더 잘한다고 생각해요"라고 말하는 게 아니겠습니까.

필자는 "그런 실없는 농담하지 마요. 몸 둘 바를 모르겠어요"라고 대답했습니다. 하지만 O씨는 "정말이라니까요! 요코야마 씨라면 그 사람을 제치고 일본 넘버원 강사가 될 수 있어요"라고 이야기해 주는 것입니다. 눈앞이 하얗게 변했습니다. O씨는 상대에게 입에 발린 소리를 못하는 사람임을 잘 알고 있었습니다.

"일본 최고의 세미나 강사…?"

필자는 그날 밤 최고의 세미나 강사가 된 자신의 모습을 상상하면서 글로 써 보았고, 지금도 간직하고 있습니다. 부끄럽기 짝이 없습니다만 여기에 열거해 보겠습니다.

'1회 세미나로 2000만 원의 수익'

'롯폰기힐즈 등과 같은 유명 회의장에서 세미나 개최'

'세미나 횟수 연간 100회'

당시 필자의 발상이 얼마나 유치했는지 여실히 전해주는 글입니다. 그때는 '롯폰기힐즈'가 성공의 상징이라고 착각하고 있었습니다. 그날 밤 이 문장을 몇 번이나 반복해서 읽고 자기 전에 이미지 트레이닝을 해 보았습니다. 가장 현실성이 떨어지는 것이 '1회 세미나로 2000만 원의 수익'이라는 항목이었습니다. 당시에는 무료 세미나를 해도 5, 6명이 모일까 말까 한 상황이었는데, 어떻게 실현하면 좋을지 짐작조차 할 수 없었습니다. 하지만 목표를 좀처럼 달성하지 못하던 때여서 그런지 '만약 실현된다면 얼마나 멋질까, 얼마나 즐거울까'하는 상상만으로도 잠을 이루지 못하던 모습이 새록새록 생각납니다.

이튿날 아침, 우선 가장 현실적인 목표는 '세미나 횟수'밖에 없다고 생각했습니다. 당시에는 많아 봐야 연 3, 4회 세미나를 실시했기 때문에 '100회'는 비현실적이었습니다. 세미나를 기획하고 개최해도 사람이 모이지 않는다면 말짱 도루묵입니다. 지나치게 높은 목표인 연간 100회에서 **'연간 30회'**로 목표를 낮추고 매달 2, 3회는 반드시 개최하겠다고 결단을 내렸습니다. 필자는 이 결단을 내린 뒤 무슨 영문인지 아주 상쾌한 기분이 들어 즉시 홍보실의 O씨에게 연락을 취했습니다. 그런데 O씨는 뜻밖의 대답을 하는 것입니다.

"헉? 설마? 진심이었어요?"

필자는 전화기에서 얼굴을 떼고 머리를 감싸 쥐었습니다.

"왠지 침울하신 거 같아서 힘을 내라는 뜻으로 그렇게 말한 것뿐이었어요. 그래도 그런 결단을 내렸으니 열심히 해 보세요."

그리고 O씨의 말 중 지금도 마음에 남아 있는 문구가 있습니다.

"아~ 요코야마 씨까지 이렇게 적극적이니 다른 컨설턴트들도 더 높은 목표를 내걸었으면 좋겠네요."

'요코야마 씨까지'라는 문구가 꽤 걸렸습니다. 하지만 당시에는 한 마디 반론도 할 수 없었습니다. 이러한 상황이었지만 결국 같은 해에 40회의 세미나를 기획하였고 그 중 30회를 개최하는 데 성공했습니다. 그리고 이듬해부터 현재까지 연간 100회의 세미나를 했고 '롯폰기힐즈'나 '도쿄국제전시장' 등에서 수차례 강연을 하고 있습니다. 또한 1회 세미나로 2000만 원의 수익을 낼 수 있게 되었습니다.

"요코야마 씨가 더 잘한다"는 홍보실 O씨의 말을 듣고 '그래, 그러면 나도 할 수 있다'라고 마음대로 생각하고 '일본 최고의 세미나 강사의 정의'를 규정한 겁니다. 그리고 그 **'정의' 자체가 빅 플랜**이 된 것입니다.

이때 배운 것이 **어차피 결단을 내릴 거면 애매한 결단은 내리지 말아야 한다는 것**입니다. 왜냐하면 '상황에 따라 바꿔 나가자', '천천히 진행해 가자' 등의 마음가짐으로는 과거의 연장선상에서 매사를 생각해 버리기 때문입니다. 이것으로 사고의 흐름을 바꾸지 못합니다.

필자가 코칭을 받았음에도 스스로를 바꾸지 못한 까닭은 '내가 할 수 있는 범위 내에서 서서히 바꿔 나가자'고 결정했기 때문이죠. 이러한 발상으로는 자신의 정체성을 바꾸지 못하기 때문에 비상할 수 없었던 겁니다. '절대 달성'의 발상으로 생각하다 보면, 시간은 저절로 목표가 이루어진 미래로 가게 됩니다. 이를 '**역산 사고**'라 부릅니다. 과거의 연장선상이 아닌 이미 목표를 달성한 미래에서 시간이 역주해 오는 거죠. 시간은 현재에서 미래로 흐른다는 사고의 틀을 깨기 위해서도 큰 결단이 필요합니다. 과거의 연장선상에서는 실현 불가능한 일을 결단함으로써 시간의 흐름을 단숨에 역전시키는 효과를 가져오는 것입니다. 지금도 O씨와는 당시의 일을 종종 회상하곤 합니다.

"'요코야마 씨까지라는 말을 들었을 때는 정말 충격이었어요."

"미안, 미안해요! 하지만 그게 사실이었잖아요? 당시의 요코야마 씨의 처지를 알던 사람이라면 갑자기 롯폰기힐즈에서 세미나를 열고 싶다는 말을 듣고 놀라지 않을 수 없었을 거예요."

"지금 들어도 민망하네요."

TOEIC 대책에도 효과 발휘

챌린지 플랜과 비교해 빅 플랜은 '성공할 확률'이 분명 높습니다. 만약 이 확률이 낮다면 빅 플랜의 설정법이 잘못된 겁니다. 앞에서 예로 든 TOEIC 시험의 경우에는 '반년간의 해외 유학'이 빅 플랜이었습니다. 90%의 확률로 목표를 달성할 수 있을 거라고 Y는 생각했죠. 빅 플랜인 까닭에 이 플랜을 선택하는 것은 현실적이지는 않습니다.

어젯밤 일리노이주 유학에 대해 오감을 풀가동해 이미지 트레이닝한 결과 기분이 붕 떠 있습니다. 하지만 노이즈를 제거하고 냉정하게 판단해 보니 회사 측이 허락할 리가 없을 것 같습니다. 여기까지 생각하는 데 2분 중 1분 30초 정도가 이미 지나가 버렸습니다. 남은 30초 안에 결단을 내려야 합니다.

여기서부터는 무엇을 선택해도 상관없습니다. 다만 '아침의 삼자택일'을 실제로 실천하면 우선 '노 플랜'을 선택하는 사태를 피할 수 있습니다. 앞에서 말한 것과 같이 많은 분들이 챌린지 플랜으로 2% 부족함을 느끼기 때문입니다. As If Frame을 사용해 빅 플랜에 집중한 덕분에 자신 안의 '틀'이 깨져 버렸기 때문입니다.

만약 Double Framing을 한 다음에도 '그렇게 말해도 안 되는 것은 안 돼', '오늘은 역시 결정을 못하겠어! 아직 시기상조야'라고 느꼈다면 전날 밤의 'As If Frame'이 제대로 되지 않은 겁니다. 아마도 '쑥스러움'이 끼어들어 애매하게 이미지 트레이닝을 했을 것입니다.

만약 제대로 했다면 여기서 기적이 일어납니다. 시간이 얼마 남지 않아 카운트다운이 시작되면 잠재의식 속에서 돌연 반짝하고 아이디어가 떠오릅니다. 아주 기묘한 체험이죠. 챌린지 플랜과 빅 플랜의 '중간'이라는 것은 존재하지 않습니다. '정중앙'은 없습니다. 그렇기 때문에 또 다른 '중간'을 자신의 힘으로 만드는 것입니다.

Y의 경우, 시간이 20초밖에 남지 않은 타이밍에 돌연 하나의 영상이 뇌리를 스쳤다고 증언합니다. 그 영상이란 대학시절 친하게 지내던 친구의 얼굴이었습니다. 고향인

나고야에서 도쿄로 출장을 갔을 때 동기들을 만나 담소를 나누던 모습이 머리에 떠올랐습니다. 그때 친구는 "도쿄의 TOEIC 전문학원에 다니고 있어"라고 말했습니다. 그때의 **활기찬 표정이 생생히 떠올랐습니다.** 그리고 "여러 학원에 다녀 봤는데 확실한 결과를 보려면 **역시 강사를 잘 선택해야 해,** 내가 다니고 있는 학원은 수준이 다르다니까"라고도 말했습니다.

Y의 뇌리에 단편적인 영상이 연거푸 떠올랐고, "눈 앞의 업무를 열심히 하는 것도 좋지만 **자신에게 투자하는 걸 게을리해서도 안 돼요**", "이상한 것을 사느니 당신에게 투자하는 비용이라면 얼마든지 찬성이에요"라고 했던 아내의 말도 잇달아 떠올랐다가 사라졌습니다. 타이머를 보니 남은 시간은 4초, 3초, 2초 파이널 카운트다운이 시작되고 있었습니다. 그 순간 눈 앞에 흰 불꽃이 터지면서 **서늘한 감각이 온몸을 덮쳤다**고 합니다. 결국 '2분'이라는 시간이 끝나기 직전에 Y는 '**토요일과 일요일 주말에 도쿄의 TOEIC 전문학원에 6개월 동안 다니자**'는 결단을 내렸습니다. 솔직히

Y는 '아침의 삼자택일'을 하기 전부터 갈등을 느끼고 있었습니다.

"요코야마에게 결단을 잘 내리게 된다는 말을 들었지만 솔직히 반신반의했어."

"'아침의 삼자택일'을 실천하고자 결정하고 나서 깨달은 게 있어. 지금까지는 쭉 무엇을 할지 고민만 했었는데 알고 봤더니 사실은 **애당초 영어 공부가 싫었던 거야. 그것을 확실하게 깨달았지.**"

이는 훗날 Y가 알려준 얘기입니다. '아침의 삼자택일'을 끝내자 기묘한 심리 상태가 되었다고 합니다. '결정한 이상 할 수밖에 없겠지'라며 불안감으로 초조해 질거라 예상했는데 결단을 내리고 A4 용지에 내용을 글로 적고 나니 Y는 상쾌한 기분이 들었다고 합니다.

"자네가 말한 대로 **그야말로 '날아오르는' 듯한 느낌이었어. 나도 높은 하늘로 비상하게 되었다네!**"

Y는 꽤 흥분한 말투로 전화를 걸어 왔습니다. '아침의 삼자택일'은 기분도 좋고 그 후에도 **꾸준히 할 수 있는 결단**

이라는 것이 특징입니다. 비행기가 상공 1만 미터까지 올라가는 듯한 상상의 나래를 펼칠 수 있습니다. 서서히 현실을 바꿔 보자고 하거나 너무 무리하지 말고 조금씩 바꾸자는 태도로는 결단을 내려도 꾸준히 지속할 수 없거나 중도에 포기합니다. 그렇게 스트레스를 가득 안은 채로 저공 비행을 하게 됩니다. 상공으로 단숨에 비상하기 위해 '아침의 삼자택일'은 매우 효과적인 수단입니다.

- 빅 플랜의 내용
- 'As If Frame'을 사용한 도취
- 'B·A·D 노이즈'를 제거한 상태에서의 의식

이 세 가지가 포인트입니다. 이들 요소가 '결단의 함정'을 구성하고 있습니다.

2개월에 17kg 감량에 성공

이와 같은 사례는 헤아릴 수 없이 많습니다. 스포츠맨이었던 H씨는 서른 중반에 접어들어 뱃살이 신경 쓰이기 시작하자 '1개월 동안 10kg 감량하겠다'고 선언했습니다. 당시 운동도 다이어트도 전혀 하지 않고 있어서 노 플랜은 '무無'였습니다. 챌린지 플랜은 '1주일에 3회, 30분의 유산소 운동과 피트니스 클럽에서 트레이닝'. 그리고 빅 플랜은 '철인3종경기에 참가'로 설정했습니다.

H씨가 빅 플랜을 결정할 때 아무것도 떠오르지 않는다고 해서 필자는 고심 끝에 철인3종경기에 참가해보면 어떠냐고 제안했습니다. H씨의 반응은 "농담이지?"였습니다. "달리기도 어려운데 헤엄을 치라니. 더구나 자전거까지…. 그런 자전거 살 돈도 없어"라고 본인은 '도저히 못하겠다'며 고집을 부렸습니다. 그러나 "어차피 빅 플랜은 선택도 안 할 건데 괜찮지 않나요?"라고 말하자 아무런 반론도 제기하지 않았습니다.

"그저 철인3종경기에 출전할 요량으로 운동을 하면 10kg 정도는 뺄 수 있을 거 같은데요?"

"그야 그렇지만……."

빅 플랜은 "농담이지?"라고 되물을 정도로 얼토당토않은 아이디어를 설정하지 않으면 안 됩니다. 어차피 선택하지도 않을 것이니 말입니다. '아침의 삼자택일'을 실천한 뒤 H씨는 '**주 3회 웨이트 트레이닝을 하고 매일 유산소운동, 하루 칼로리 섭취량을 1,500kcal까지 제한한다**'는 결단을 내렸습니다. 제대로 된 출발을 할 수 있었던 듯합니다.

"왠지 의욕이 막 샘솟아요."

'아침의 삼자택일'을 실천한 뒤 H씨는 이 말을 처음으로 내뱉었고 필자도 참 다행이라며 흡족하게 생각했습니다. 지금까지 무엇 하나 시작하지 않던 사람이 웨이트 트레이닝과 유산소운동을 시작했고 더구나 하루 칼로리 섭취량을 1,500kcal까지 줄였으니까요.

결국 H씨는 성공했습니다. **한 달 만에 14kg이나 살을 뺐고** 그 후에도 트레이닝과 식이요법을 꾸준히 지속해 3kg을 더 **뺐습니다. 총 17kg**이나 감량해 예전 스포츠맨 시절의 체형을 되찾았습니다. 기적을 보고 있는 듯했습니다. H씨의 주변에는 다이어트를 하고 싶어도 실패하여 고민하고 있는 사람들이 아주 많습니다. H씨는 그때마다 자신만의 방법을 전수해 주는데 대부분이 실패하고 맙니다.

문제는 '결단의 내용'이 아니라 '결단 프로세스'이기 때문입니다. 결단을 내리는 과정에서 자신의 잠재의식과 접속하지 않으면 강한 의지의 싹은 움트지 않으며 각오도 흐지부지하게 됩니다.

'스피치 학원'에서의 일대 반전, 정보처리기술사 시험에 도전

이밖에 인상 깊은 사례를 소개하자면 W씨를 들 수 있습니다. W씨는 말수가 없고 사람들 앞에 서면 긴장해서 말의 두서가 없어집니다. 고객들에게 정보시스템에 대해 프레젠

테이션을 해야 되는데 어떻게든 잘해내고 싶다고 생각하고 있었습니다. W씨는 1년 후까지 프레젠테이션 기회를 20번 얻고, 그 중 4개 회사와 정보시스템 계약을 성사시키겠다는 목표를 정했습니다.

목표 행동을 설정하는 데 있어서 현재 하는 게 없었으므로 노 플랜은 '무無', 챌린지 플랜은 '**스피치 학원에 일주일에 두 번 다닌다**'로 설정하고 빅 플랜을 '**회사원도 받아주는 뮤지컬 극단에 들어간다**'로 정했습니다.

W씨는 자기 전 이미지 트레이닝을 통해 실제 존재하는 뮤지컬 극단의 자료를 집중해서 읽고 1년 안에 엑스트라라도 좋으니 무대에 올라 수백 명의 관객 앞에서 당당하게 노래를 부르고 연기하는 자신을 상상해 보았습니다. 이튿날 어떤 결단을 내릴지 모르겠지만, 이만큼이나 자신을 잊고 빅 플랜에 몰입했다면 내일은 분명 재미있는 결단을 내릴 거라며 설레는 마음을 안고 잠자리에 들었습니다. 하지만 놀라운 반전이 기다리고 있었습니다.

실제 '아침의 삼자택일'을 시작해 Double Framing을 끝내고 시간이 얼마 남지 않은 순간에 '**내가 해야 할 일은 이게 아니다!**'라고 마음 깊은 곳에서 외침 같은 것이 들려왔다고 합니다. 10초 가까이 남겨두고 뇌 속에서 무언가 반짝거린 거죠. 그리고 '회사에 더 보탬이 되고 싶어', '회사에 보탬이 되기 위해 필요한 것은 언변이 아니다', '기술을 갈고 닦는 것, 경쟁회사에 뒤지지 않는 기술을 획득하는 것이야말로 회사가 나에게 원하는 게 아닌가'라고 판단했습니다.

"자격증이 다는 아니지만 최소한의 지식이라도 습득해야 하니 **정보처리기술사 시험을 보면 좋겠는데**"라고 했던 상사의 말이 뇌리를 스쳤습니다. 그리고 W씨는 남은 5초 동안 이렇게 적어내려 갔습니다.

정보처리기술사 시험에 합격하기 위해 오늘 아침 9시까지 인터넷 교육을 신청한다.

W씨는 이 결단을 내린 뒤 가슴이 뻥 뚫리는 느낌이 들었다고 합니다.

"곰곰이 생각해 보니, 그렇더라고요. 왜 깨닫지 못했을까요. 제게 필요한 일, 제가 지금 해야 하는 일은 **스피치 기술을 단련하는 게 아니고 기술력, 지식을 쌓아야 한다는 것**을요. 지식이 부족해서 사람들 앞에서 당당하게 말을 못한 거였습니다."

W씨는 같은 날 상사에게 보고했습니다.

"정보처리기술사 시험에 합격하기 위해 인터넷 교육을 신청했습니다."

그러자 W씨의 상사는 기뻐하며 "그래! 우리 부서에는 자네뿐이야. 열심히 해봐!"라며 응원해 주었습니다.

또 W씨가 "사람들 앞에서 말하는 게 서툴러서 스피치학원에 다닐까 하는데 어떻게 생각하세요?"라고 상사에게 물었더니 "자네가 말재주가 없다고? 그렇지 않은데. 고객 반응이 나쁘지 않아. 시스템 엔지니어는 자네처럼 어눌한 쪽이 오히려 신뢰감을 준다네"라고 했습니다.

'아침의 삼자택일'을 실천함으로써 **자신이 빠져 있던 착각을 깨닫고 정말 해야 할 일을 발견한 후 이를 위한 실행계획까지 결단한 사례**입니다.

매출이 2배 늘어난 할인점의 비밀

'아침의 삼자택일'을 실시하고 약 반년 후에 **매출이 2배나 늘어난 회사**도 있습니다. 이바라키현에서 할인점을 운영하는 N사장은 3개월 안에 손님을 평일 20명, 토·일요일 50명을 더 늘리겠다는 목표를 세웠습니다. 오픈 이후 계속해서 상승세를 그리던 매출이 경쟁 점포가 생기면서 미비하게 감소했기 때문입니다.

노 플랜은 '**무**無', 챌린지 플랜은 '**3명의 스태프가 역 앞에서 하루 300장씩 전단지를 나눠준다**', 빅 플랜은 '**트위터의 팔로워를 10만 명으로 늘리고 매일 특판 정보를 트위터에 올린다**'로 설정했습니다.

N사장이 '아침의 삼자택일'을 실천한 결과, 자신이 전혀 상상하지 못했던 '**할인점 스태프의 1일 근무 행동 지표를 설정한다**'는 결단을 내리게 되었습니다. N사장은 '아침의 삼자택일'을 하다가 갑자기 '목표 자체가 빗나간 것 아닌가?'라며 그동안 생각지도 못했던 사실을 깨달았다고 합니다.

점포 방문객수를 늘리기 위한 노력은 꾸준히 해왔지만 그럼에도 매출 상승으로 이어지지 않았습니다.

전부터 스태프의 움직임에 의문을 품고 있던 N사장은 이익이 크게 남는 품목으로 유도하는 프로세스를 명확하게 하여 스태프가 할 수 있는 근무 행동을 정하면 좋겠다는 아이디어를 생각해냈습니다. 그렇게 결단을 내리고 실행한 결과 반년 새에 매출이 무려 2배 이상 상승했습니다. 과거에 연연하지 않고 빅 플랜을 설정하자 잠재의식에 접속하게 되었고 정말로 필요한 것이 무엇인지 순간적으로 떠오르게 되었습니다. 그리고 그 후에 '신바람'과 '설렘'을 선사해 주었습니다.

내 고장 살리기에
행정기관·대학·기업을 동참시킨 사장

'아침의 삼자택일'을 소개하자마자 바로 행동에 옮기고

큰 결단을 내려 엄청난 일을 실현시킨 분도 계십니다. 교토의 여사장인 T라는 분인데요. T씨는 '인맥 활용법'을 주제로한 도서 출간을 구상 중이었습니다. 1년 안에 출판을 해야겠다고 정하고, 이를 위해서는 출판사가 흥미를 가질 만한 뉴스거리가 필요하다고 생각했습니다. 그래서 T씨는 노 플랜을 '무無', 챌린지 플랜을 '**교토시 전체가 참가하는 새로운 프로젝트를 3개월 안에 성공시킨다**'라고 정했습니다. 빅플랜은 '**한 달 내에 국내외에서 만 명을 모아 동일본대지진 피해 지역의 재건을 지원한다**'였습니다. 이들 행동 계획의 공통분모로 '인맥 활용법'을 사용하는 것입니다.

만 명을 모아 재건을 지원하기 위해 '어떻게 내 인맥을 활용할까?', '만 명을 어떻게 모으지?' 하고 T씨는 진지하게 고민했습니다. 그리고 이튿날 '아침의 삼자택일'을 한 결과 '교토에 지금까지 존재한 적 없는 지역 한정 상품을 개발하고 프로모션하겠다. 이와 관련된 전문가를 집결시켜 인맥을 활용한 사업의 실례를 언론에 알리겠다'는 결단을 내렸습니다.

여기까지는 참 좋습니다. 이러한 결과는 그리 놀랄 만한 내용은 아닙니다. 흥미로운 점은 지금부터입니다. 현재 이 프로젝트는 실제 진행되고 있습니다. 구체적인 내용은 생략하겠습니다만 그녀는 1주일 안에 산학협동으로 판촉 프로젝트의 닻을 올렸습니다. **T씨의 사업과는 전혀 무관한 프로젝트**입니다. 그럼에도 불구하고 2주도 채 되지 않아 순식간에 이 프로젝트는 널리 퍼져나가 **세 개의 광역단체에 걸쳐 있는 행정기관, 대학, 3군데 민간기업이 서로 협력하는 광대한 플랜**으로 발전해 버렸습니다.

발단은 T씨가 '책을 내고 싶다'고 마음 먹은 것에서 시작하였습니다. 출판을 위해서는 뉴스거리가 필요하니 이러한 프로젝트를 만들게 된 거죠. 하지만 프로젝트를 운영하는 사이 **실은 가장 하고 싶은 일은 책을 내는 게 아니라 자신의 소중한 인맥을 활용해 무언가를 실현시키고 싶다는 것**이었습니다.

'아침의 삼자택일'은 스스로를 '결단의 함정'에 밀어 넣음으로써 그 후에도 꾸준히 바른 결단을 내릴 수 있도록 도와

줍니다. 또 자신이 **빠져** 있던 착각을 깨닫는 동시에 정말 해야 할 일을 발견하고, 이를 위한 실행 계획까지 할 수 있도록 도와줍니다. 왜일까요. '아침의 삼자택일'에서는 노이즈를 제거한 상태에서 '인타임'을 만듭니다. 그리고 건강한 수면을 취하면서 잘 정돈된 뇌의 깊은 부분까지 접근합니다. 그 결과 잠재의식의 깊은 부분이 자극을 받아 자신이 깨닫지 못했던 선택항목이 등장하거나 물음을 재설정한 다음 적절한 선택을 할 수 있게 됩니다.

지금까지 몇몇 사례를 소개했습니다. 그러나 '아침의 삼자택일'에 대한 설명만 읽어서는 좀처럼 감이 잡히지 않을 겁니다. 체험해 본 적 없는 스포츠 경기의 규칙이 적혀 있는 책을 읽고 있는 것과 마찬가지로 실천하지 않으면 그 가치를 알 수 없기 때문입니다.

오직 한 가지 말할 수 있는 것은 **'아침의 삼자택일'을 실시해도 잃을 것은 없다**는 점입니다. 무언가 결단을 내리기 어렵다면 인생의 분기점을 골라 '아침의 삼자택일'을 실천해 보는 것은 어떨까요. **본인조차도 상상 못한 새로운 결단**

을 내리게 될 겁니다. 그리고 만약 결단을 내리고 안전한 의식의 도약으로 성공을 달성한 분은 그 소식을 전해주시면 감사하겠습니다.

Part 5

의사결정이 빨라지는
'노이즈 캔슬링'

'이미 한계다'를 금기어로 하고
노이즈를 줄여라

올바른 결단을 내리고 목표를 '절대 달성'하기 위해 필요한 것은 '**차가운 머리와 뜨거운 가슴**Cool Head & Warm Heart'입니다. 목표를 '절대 달성'하고 싶다는 뜨거운 가슴을 가지고 있으면서도 냉정한 두뇌로 결단을 내리는 게 중요하다는 것입니다. 27페이지의 내용처럼 '사고계' 우위의 상태를 얼마나 유지할 수 있을지 항상 염두에 둘 필요가 있습니다.

입버릇처럼 '이미 한계다'라고 말하는 사람이 있습니다. 하지만 "이미 한계다"라는 말은 '**뇌가 암흑화**'되기 직전이라는 **신호**입니다. 뇌에는 '단기기억'과 '장기기억'이 있으며 단기기억은 일시적으로 기억을 저장하는 버퍼, 즉 완충 기억장치 역할을 수행하고 있습니다.

'이미 한계다'라는 말은 단기기억 탱크가 뒤로 미뤄둔 업무나 주위의 노이즈로 가득 차 있는 상태를 말합니다. 이 상태에 빠지면 물리적 시간이 충분한데도 불구하고 조건반사적으로 "지금은 이미 한계여서 도저히 못하겠다"라고 대답해 버리고 맙니다. 정보를 단기기억에 저장할 수 없어 논리적으로 생각할 여유가 없는 것입니다. 이런 상태로는 냉정하게 결단을 내릴 수 없습니다.

단기기억 탱크에 공백을 만들기 위해서는 우선 기한을 2분의 1로 줄이는 '시간의 속도 관리'[7]를 습관화해 꼭 해야 할 업무를 미루지 말아야 합니다.

'뇌가 암흑화' 된 사람

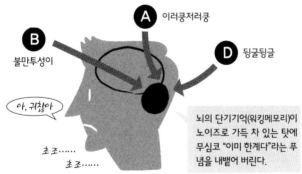

A 이러쿵저러쿵

B 불만투성이

D 딩굴딩굴

아, 귀찮아

초조……
초조……

뇌의 단기기억(워킹메모리)이 노이즈로 가득 차 있는 탓에 무심코 "이미 한계다"라는 푸념을 내뱉어 버린다.

---

7) 목표 달성 기한을 2분의 1로 줄여서 '절대 달성'시키는 업무법

꼭 해야 하는 업무, 지금 시작해야 하는 업무를 미룰 경우, '이것도 해야 하고, 저것도 해야 한다'고 끝임없이 생각하게 되며, 그것이 큰 노이즈로 바뀌어 뇌의 단기기억을 노이즈로 메워버립니다.

'뇌가 암흑 상태'인 사람이 보이는 말기 증상

필자가 최근에 만난 사람 중에서 꽤 중증(뇌 암흑 상태)이라고 느꼈던 사람이 IT 업계의 기획부에서 일하는 Z씨입니다. 나이는 아직 서른 살에 직책은 주임이었습니다. 매일 출근시간마다 아슬아슬하게 회사에 나타나고 가끔은 1, 2분 정도 늦기도 합니다. 주위에서 눈치를 주는데도 Z씨는 전혀 모릅니다. 출근시간 1, 2분 늦는 것이 대수냐고 생각하고 있는 듯했습니다.

Z씨를 관찰해 보았습니다. 아침부터 2시간 정도 컴퓨터

앞에 앉아 있습니다. 메일을 체크하고 인터넷 서핑까지 합니다. 컴퓨터 화면을 보면서 스마트폰을 조작해 바쁘게 무언가를 하고 있습니다. 동료의 증언에 따르면 말을 걸어도 "지금 바빠서"라는 대답이 돌아올 뿐, 좀처럼 상대해 주지 않는다고 합니다. Z씨는 책상에 앉아 있을 때 대부분 컴퓨터 앞에서 움직이지 않습니다. 누군가와 의사소통을 해야 할 때는 메일 아니면 '사내 채팅'의 단문 메신저를 이용합니다. 바로 옆에 있는데도 스마트폰으로 메시지를 주고 받기도 합니다. 얼굴을 마주 보고 대화를 나누는 일은 거의 없습니다.

상사도 동료도 Z씨가 무엇을 하고 있는지 파악하지 못하고 있습니다. 메일을 보내도 Z씨의 회신은 함흥차사입니다. 회의에서 제출해야 할 자료도 기한을 어기기 일쑤고 늘 늦게 제출합니다. 업무를 맡기고 싶어도 "못 해요", "지금은 일이 많아서 도저히 여유가 없네요"라는 핑계가 입에 붙어 있습니다. 스마트폰 중독인지 회의 중은 물론이거니와 얼굴을 마주 보고 대화를 나눌 때조차도 손에 들고 있는 스마트폰을 만지작거리며 메일이나 페이스북 등 다양한 애플리케이션

창을 열어놓고 있습니다.

필자는 그런 Z씨를 1주일 동안 영업에 동행시킨 적이 있습니다. 그러자 "그런 일까지 했다간 제 업무를 못한단 말이에요! 누가 제 업무를 대신해 주지도 않을 거잖아요"라고 반항하더군요. 하지만 제가 "부장님에게는 허락을 받았으니 우선 제가 말하는 대로 해주세요"라고 말하자 순순히 따라왔습니다.

아니나 다를까, Z씨가 1주일 동안 업무를 하지 않았음에도 불구하고 회사에서는 아무도 그를 찾는 이가 없었습니다. **Z씨의 업무에는 실체가 없었던 것**이었습니다. 조직의 모든 구성원들은 이를 잘 알고 있었습니다. 문제는 그 사실을 Z씨 자신만 알지 못했던 것입니다. Z씨는 근면한 사람으로 악의가 있었던 것도 농땡이를 치려 했던 것도 아닙니다. 단순히 '뇌가 암흑 상태'였던 것입니다. 7개월 정도 네트워크에 접속할 수 없는 환경에 두자, Z씨는 근면하게 일을 하고 성과를 내기 시작했습니다.

'B·A·D 노이즈'를 알면
'뇌의 암흑화'는 일어나지 않는다

Part 1에서도 언급했습니다만, 'B·A·D 노이즈'란 '불만 투성이' **생각 노이즈(B)**, 회의 등에서 잡담하는 '이러쿵저러쿵' **조직 노이즈(A)**, 인터넷을 할 때 침투하는 '뒹굴뒹굴' **사회 노이즈(D)**를 말합니다.

'B·A·D 노이즈'는 환경이 변하면서 급격히 증가하고 있습니다. 예를 들어 A의 '조직 노이즈'는 점차 증가하는 경향을 보이고 있습니다. 중간관리직이 늘어나고 부하가 줄고 있기 때문에 회사원의 총 노동시간 중 회의가 차지하는 시간이 상대적으로 늘고 있는 것입니다.

D의 '사회 노이즈'도 인터넷의 보급으로 폭발적으로 증가했습니다. 사생활에서는 물론이거니와 회사에서도 인터넷만 붙들고 있는 사람이 많습니다. 업무와 무관한 사이트에 접속을 제한하는 등 대책을 강구하고 있는 회사도 많지만 솔직히 한계가 있습니다. '사회 노이즈'는 업무면에서나

사생활에서 무차별적으로 우리들을 덮치고 있습니다. 특히 최근에는 스마트폰의 보급으로 손쉽게 인터넷에 접속할 수 있어서 언제 어디서나 '사회 노이즈'에 쉽게 노출되고 있습니다. 그리고 '사회 노이즈'의 무서운 점은 **사회 노이즈에 노출될수록 '불만투성이' 생각 노이즈가 팽배해진다**는 것입니다.

예를 들어 누군가가 올린 상사의 뒷담화나 쓸모없는 상사 이야기 등 불필요한 지식을 끊임없이 흡수한 결과 부하는 상사의 말을 순수하게 받아들이지 못합니다. "왜 그런 일을 해야 하나요"라고 반발하거나 이런저런 핑계를 대기도 합니다. 이는 '초보자 의견의 함정'(40페이지)과 관련이 깊습니다. '사회 노이즈'에 계속해서 노출되면, 접하기 쉬운 초보자의 의견을 곧이곧대로 흡수해 버립니다. 상사도 '이걸 하면 부하가 싫어하겠지'라든가 '이런 일을 했다가는 직책을 이용해 괴롭힌다고 고소당하는 게 아닐까'처럼 과민하게 반응해 정작 부하에게 하고 싶은 말이나 해야 할 말을 하지 못하게 됩니다.

설사 부하나 조직을 바꾸고 싶다는 의지가 강해도 조직 내부의 충돌이 두려워 포기하고 말죠. 무던한 말밖에 하지 못하고 부하에게 결단을 내리라고 강요하지도 않습니다. 그 결과 부하는 **목표 미달성 상태에 계속해서 의존하고 맙니다.** 이처럼 외부 환경의 변화로 급증하고 있는 'B·A·D 노이즈'는 뇌 속에서 서로 뒤섞여 화학반응을 일으킵니다. 머릿속은 노이즈로 인해 파생된 망상으로 가득 차 있으며, **작은 일에도 과민 반응**을 일으킵니다. 이른바 '**리스크 과민의 함정**'(37페이지)에 빠져 버리는 겁니다.

'유혹'에 약한 사람을 위한 대책

지금까지 'B·A·D 노이즈'에 대해 소개했습니다. 실은 필자도 노이즈에 과도하게 빠져 꼼짝달싹 못하던 시기를 거쳤습니다. "오늘은 이걸 하겠어!", "이번 주는 저것을 정리해야지!"라고 결심하지만, 더 이상 미루지 못할 때까지 미루게 됩니다. 늘 일요일 밤이 되어서야 "아, 바쁘다 바빠"라고 투덜대며 밤 늦게까지 집에서 일을 하곤 했습니다. 미뤄둔 업무에 자원봉사 활동까지 쌓여 가정에서의 소중한 시간을 빼앗기는 경우도 있죠.

필자는 정말 유혹(노이즈)에 약한 인간입니다. 더욱이 귀차니스트이기도 하고요. 스스로를 다잡을 줄 아는 사람도 있지만 필자처럼 무심결에 멍하니 인터넷 서핑을 하거나 별 의미도 없는 스마트폰을 만지작거리는 사람이 꾸준히 늘어나고 있는 것 같습니다. 그야말로 '사회 노이즈'에 푹 빠져 있는 상태입니다.

가족 여행을 갔을 때도 스마트폰을 마치 분신처럼 몸에서 절대로 떼어놓지 않았습니다. 호텔에서 아침식사를 할 때조차 오른손에는 포크, 왼손에 스마트폰을 들고 있었습니다. 더욱이 아이들이 보는 앞에서요.

이 정도라면 정말 '스마트폰 의존증'이라고 해도 과언이 아닐 것입니다. 하지만 머리로는 알고 있음에도 불구하고 그만둘 수가 없었습니다. 그 당시 필자는 의사 결정을 하는 힘이 상당히 약해져 있었다고 생각합니다. 시간의 흐름을 스스로 멈추지 못하는 탓에 일단 모든 것을 멈추고 곰곰이 생각하는 일조차도 불가능했던 거죠.

부하나 가족, 그리고 자기자신과도 마주 볼 시간을 만들지 못한 채 입버릇처럼 "바쁘다 바빠"라며 푸념하기만 했습니다. 하지만 지금은 완벽하게 그 의존증에서 벗어났습니다. 상상했던 것 이상으로 아주 간단히 극복할 수 있었습니다. 만약 스마트폰에 너무 의존하여 고민하는 분이 있다면 참고하시길 바랍니다. 노이즈는 **역발상의 '역 노이즈'로 제거**할 수 있습니다.

필자는 노이즈로 노이즈를 없애는 업무 방식을 '**노이즈 캔슬링**Noise Canceling'이라고 부르고 있습니다. '노이즈 캔슬링'이란 지하철 등의 노이즈 속에서 조용히 음악을 듣기 위해 개발된 기술로 헤드폰 등에 채택되고 있습니다. 소음과 역위상의 음파를 발생시킴으로써 서로의 음파를 제거하여 노이즈의 제로섬을 꾀하는 것입니다.

'노이즈 캔슬링'이란

(1) 노이즈로 통하는 접속방법을 복잡하게 만든다
(2) 접속한 다음 귀찮은 노이즈를 발생시킨다

이는 특히 '귀차니스트'에게 권하고 싶습니다. 이 발상을
응용하면 스마트폰 등에 의존하는 것을 상당히 개선할 수 있
습니다.

키워드는 '불편함·귀찮음·비효율'

'노이즈 캔슬링'의 키워드는 **불편함, 귀찮음, 비효율**입니다. 필자는 스마트폰과 태블릿 PC를 가지고 있습니다. 거기에 휴대전화와 노트북도 있어 네트워크에 접속 가능한 디바이스 4개를 늘 휴대하고 있습니다. 예전에는 스케줄만 확인하려고 스마트폰을 켰는데 정작 스케줄은 확인하지 않고 무의식 중에 페이스북을 보거나 트위터를 하거나 인터넷 뉴스에 접속하는 등 시간을 무의미하게 흘려 보내곤 했습니다. 계산기를 사용할 때도 타이머를 사용할 때도 마찬가지였습니다. 필요한 기능을 다 사용했는데 손에서 놓을 수가 없었습니다. 스마트폰처럼 편리한 디바이스는 많은 기능을 가지고 있어 무심코 다른 아이콘도 누르고 싶어집니다.

앞에서도 말했지만 시간 감각을 상실하면 '사고계'가 약해집니다. 하지만 해야 할 일이 있을 때는 시간을 무의미하게 낭비하는 것은 피하는 것이 좋다고 생각합니다. 한때 태만한 자신을 질책하고 싶을 때도 있었습니다. 그럼에도 필요한 디바이스이기 때문에 절대로 손에서 떼어놓고 싶지 않았습니다. 그래서 지금은 기능을 한정해서 사용하고 있습니다.

삭제한 것은 '시간감각을 마비시키는 기능과 애플리케이션'입니다. 시간도 잊은 채 몰두해 버리는 기능과 서비스를 의도적으로 삭제했습니다. 맨 먼저 사라진 것은 페이스북과 트위터입니다. 필자는 SNS를 아주 좋아했습니다. 매력적인 서비스라고 생각합니다. '문득 정신을 차려보면 1시간이 훌쩍 지나갔던' 일이 많을 정도로 푹 빠져 살던 시절도 있었습니다. 그런 탓에 밤을 새거나 원고 집필을 뒤로 미루거나 아이들과도 소원해지는 등 눈에 보일 정도로 악영향을 받고 있었습니다. 앞에서 말했듯이 심할 때는 가족과 함께 식사를 할 때도 스마트폰만 보고 있기도 했습니다. "아빠, 페이스북에 '좋아요' 많이 달렸어?"라고 아이가 물어봐서 '번쩍' 정신을 차린 일도 있었습니다. 이 정도가 되면 완전히 '의존증'이라고 할 수 있을 것입니다.

지금은 SNS를 노트북에서만 보도록 주의하고 있습니다. 하지만 노트북의 즐겨찾기에서는 삭제해 버렸습니다. 즉

페이스북을 이용하고 싶을 때는 검색엔진에서 '페이스북'을 검색한 다음 접속해 로그인하여 이용하고 있습니다. **일부러 접근성을 악화시키는 아이디어**를 찾아낸 거죠.

야후나 구글의 뉴스 사이트도 낭비하는 시간이 많아져 즐겨찾기에서 삭제했습니다. 유튜브도 가끔 접속하면 추천 동영상에 눈길이 머물면서 꼬리에 꼬리를 물듯 클릭하곤 했습니다. 이것도 즐겨찾기에서 삭제하였습니다. 최근에는 브라우저 버전이 오래되어 제대로 작동하지 않는데도 업그레이드를 하지 않은 채 방치해 두고 있습니다.

그래서 업무상 반드시 동영상을 확인해야 하는 경우에는 부하 직원의 노트북을 빌려 보고 있습니다. 그 밖에도 과거에 '시간 감각'을 왜곡시켜 버릴 정도로 의존하던 사이트는 검색 엔진을 돌릴 때 검색에 걸리지 않도록 제한된 사이트로 지정해 두고, 꼭 접속해야 하는 경우에만 설정을 해제하고 있습니다.

'낚시 접속'을 철저하게 없앤다. 이를 위해 일부러 불편함을 감수한다. 이것이 '노이즈 캔슬링'의 기본 개념입니다.

앞에서 설명한 대로 접속성을 일부러 악화시킴으로써 '~하면서 작업', '~하는 김에'라는 습관은 사라졌습니다.

컴퓨터로 제안 자료를 작성할 때 이런 일도 있었습니다. 통계 데이터를 조사하고 싶어 인터넷으로 검색을 하다가 우연히 유명 축구선수가 등장하는 배너 광고가 눈에 띄었습니다. '그러고 보니 이번 주 챔피언스리그 결과가 어떻게 되었더라?'는 궁금증이 떠올랐고 인터넷 뉴스를 검색해 경기 결과를 체크하기 시작했습니다. 그러자 전날 경기에서 한 선수가 신기에 가까운 플레이를 선보여 화제를 모으고 있다는 뉴스를 발견하게 되었습니다. 그 플레이가 어떤 것인지 무척이나 알고 싶어졌고, 즉시 유투브로 동영상을 검색하고 확인할 때까지 인터넷 서핑을 되풀이했습니다. 이것저것 하다 보니 1시간 정도 흘러갔습니다. 결국 그 날은 시간이 없어 제안서 작성을 중단하고 '내일 또 하지'하고 미루고 말았습니다.

전에는 이런 일이 자주 있었습니다. 그러나 지금은 완전히 사라졌습니다. 뉴스를 검색하고 싶고, 유투브로 동영상을 보고 싶어도 브라우저 등의 설정을 변경해야 해서 귀찮거든요. 필자와 같은 귀차니스트는 가급적 성가신 일은 피하려 합니다. 이처럼 **'귀찮다', '복잡하다'는 노이즈를 일부러 발생시켜 외부에서 침입하는 노이즈를 제거**하고 있습니다.

메일과 웹사이트 열람의 '노이즈 캔슬링'

앞에서도 이야기했지만 필자는 스마트폰으로 늘 SNS 서비스를 이용하곤 했습니다. 그런데 앞에서 말한 것처럼 의존증이 심해 애플리케이션을 삭제했습니다. 용기가 필요한 일입니다만 지금 생각해 보니 잘한 일이었습니다. 필요하면 다시 설치하면 되니까요. 설정이 귀찮을지도 모르겠지만 과거의 데이터가 사라지는 것도 아닙니다.

삭제한 지 1년 이상이 지났지만 다시 설치하고 싶은 마음은 들지 않습니다. 익숙해졌다기보다 **비정상적인 상태에서 정상적으로 돌아온 것**입니다. 이 효과를 실감한 후 과감하게 스마트폰에서 웹사이트를 열람하지 못하도록 설정해 보았습니다. 패스워드를 입력해 사용 제한을 하면 웹 브라우저 아이콘이 사라집니다. 그 결과 스마트폰에서 웹 사이트를 볼 수 없게 되었습니다.

그리고 지금까지는 메일이 수신되면 알람이나 진동으로 알려주도록 설정해 두었습니다초기 설정에 이미 그렇게 되어 있었습니다. 이 상태에서는 메일이 올 때마다 양복 주머니에서 스마트폰이 울려 여간 신경 쓰이는 게 아니었습니다. 진동이 울릴 때마다 스마트폰을 무심코 꺼내곤 했습니다. 집에서도 마찬가지였습니다.

"부~~" 테이블에 올려둔 스마트폰이 울리면 아이가 "아빠, 메일 왔어. 보지 않아도 돼?"라고 말합니다. 아이까지 조건반사적으로 "빨리 빨리. 메일 왔다니까"라고 재촉했습니다. 확인해 보면 광고 메일이었던 적이 많았습니다.

과거라면 메일을 확인하면서 웹사이트를 열람하거나 페

이스북을 체크하는 게 일상이었습니다. 밤에 집에 있을 때도 주말에 봉사활동을 할 때도 스마트폰의 작은 화면만 응시하고 있었습니다. 그러나 페이스북도 웹사이트 열람도 불가능해지자 스마트폰의 역할이 큰 폭으로 줄었습니다. 점차 스마트폰에 대한 관심도 줄어들었습니다. 그리고 메일의 알림 기능메일을 수신할 때마다 자동 통지하는 기능도 없앴습니다. **그 결과 어떻게 되었을까요. 마음이 정말 편해졌습니다.** 과장된 표현일지도 모르겠습니다만 지금까지 옴짝달싹 못하게 옥죄던 것에서 해방되는 기분을 맛 보았습니다. 이제는 스마트폰에서 애플리케이션에 접속해야만 메일을 볼 수 있습니다. 그래서 메일을 수신할 때마다 다른 것에 눈을 돌리는 일도 사라졌습니다. 전철을 타거나 버스를 타도 창 너머 풍경으로 눈을 돌리게 되었습니다.

오늘은 비가 내리네, 바람이 강하게 부네, 매화꽃이 피는 계절이 왔나, 그리고 보니 전철에 타고 있는 사람들도 봄옷으로 갈아입기 시작했네, 그런 소소한 깨달음을 얻곤 합니다. 지금까지 얼마나 주위를 돌아보지 않고 살았는지를 새삼 깨닫게 되었습니다. 이제 전철에서는 멍하게 생각에 잠기거나 소설을 읽거나 메모를 하면서 시간을 보내게 되었습니다.

스마트폰을 멀리 하고 창밖을 바라보는 것만으로
소소한 깨달음을 느낀다.

태블릿 PC와 스마트폰을
구분해서 사용하기

필자는 태블릿 PC도 늘 휴대합니다. 그 쓰임새는 다양한데, 대표적으로 웹사이트 열람과 지도 애플리케이션을 사용합니다. 두 기능 모두 스마트폰으로도 충분히 사용할 수 있지만 앞에서 말한 것처럼 의존증이 심하여 스마트폰에서 웹사이트 열람을 차단해 둔 상태입니다.

보통 태블릿 PC는 가방 속에 두기 때문에 스마트폰보다 멀리 떨어져 있어 접근성이 떨어집니다. 그 방법만으로도 충분합니다. 바로 손에 잡히지 않기 때문에 '낚시 인터넷 서핑'을 하는 것이 어렵습니다. **불편한 게 오히려 장점**인 것입니다.

"URL이 기재되어 있으니 홈페이지를 확인해 주십시오."

필자는 이런 문장이 적힌 메일을 자주 받습니다. 그런데 스마트폰에서는 웹사이트 열람이 불가능하니 나중에 컴퓨터나 태블릿 PC로 확인합니다. 정말 급하면 태블릿 PC로 바로 접속합니다. 노트북은 인터넷에 접속하기까지 다소 시간이 걸리는 데다 서있는 자세로는 사용하기가 불편하기 때문입니다. 게다가 제가 가지고 있는 태블릿 PC도 무겁습니다. 그래서 불필요하게 시간을 잡아먹는 일은 피하게(노이즈 캔슬링) 되니 안성맞춤이라 할 수 있습니다.

스마트폰도 태블릿 PC도 구입하기로 마음 먹었을 때는 다른 목적이 있었습니다. 그러나 예상 못한 의존증 때문에 현재는 기능을 제한해서 사용하고 있습니다. "어차피 갖고 있는 거 사용하면 어때요"라는 말을 자주 듣지만 지금으로 충분합니다. 9페이지에서 언급한 것처럼 성공은 제거법이 아니고서는 이끌어낼 수 없습니다. 경험을 통해 성공한 플랜은 남기고 실패한 습관은 자신의 손으로 제거해 가야 합니다.

'충전이 간당간당한 상태'를
유지할 때의 이점

 인터넷을 능숙하게 활용하면서도 무의미하게 시간을 낭비하지 않는 방법으로 매우 효과적인 게 '전원 접근성'을 악화시키는 것입니다. 즉 **예비 배터리도 충전기도 챙기지 않는 방법**입니다. 지금의 노트북이나 스마트폰은 장시간 구동이 가능하도록 배터리가 강화되어 있습니다. 장시간 밖에서 활용하는 사람에게는 중요한 스펙이라고 할 수 있습니다.

 필자는 매일 매거진의 칼럼, 책의 원고 등을 위해 일정 시간을 집필에 할애하고 있습니다. 그래서 배터리 용량이 아무래도 신경 쓰일 수밖에 없습니다. 그럼에도 밖에서 노트북을 사용하는 시간은 하루에 길어야 2시간입니다. 도쿄와 나고야를 오가는 경우, 신칸센에서 왕복 3시간 이상의 시간을 확보할 수 있습니다. 하지만 3시간 동안 주야장천 글을 쓰다 보면 피로가 몰려 옵니다. 이론상은 더 쓰는 것이 가능해도 실제로는 집중력이 떨어집니다.

신칸센 '노조미급행'인 경우, 창쪽 좌석에 앉으면 노트북 전원을 콘센트에 꽂을 수 있어 배터리 걱정 없이 노트북을 사용할 수 있습니다. 하지만 전원에 대한 걱정이 사라지자마자 집중력이 떨어지게 됩니다. 메일이 올 때마다 열어보고 페이스북을 보거나 위성지도를 열람할 수 있는 구글어스로 전 세계의 지형을 확인하곤 했습니다. 무의미하게 그런 일에 시간을 허비하다 아무것도 못한 채 목적지에 도착하는 일도 자주 있었습니다. 그래서 당일치기나 1박 2일의 출장 정도라면 충전기를 챙기지 않습니다. 배터리가 닳으면 그것으로 끝. 그런 마음가짐으로 노트북을 열면 업무에 집중할 수 있습니다.

스마트폰도 기본적으로 100% 충전하지 않습니다. 많이 충전되지 않은 상태로 휴대하는 것이 불필요한 인터넷 서핑을 억제할 수 있으니까요. 처음에는 충전기를 무시할 용기가 도통 생기지 않았습니다. 만일의 사태가 벌어져서 일이 커질 수도 있다고 생각했기 때문이죠. 하지만 곰곰이 생각해 봤습니다.

이것이 '리스크 과민의 함정'(37페이지)이 아닌가 하고. 실제로 출장 중에 배터리가 다 닳아 노트북과 스마트폰을 사용하지 못하면 어떤 사태가 벌어질까, 그 문제의 크기와 발생 확률을 냉정하게 적어 보았습니다. 그러자 왠지 부질없이 느껴졌습니다. 집중력이 떨어져 그날 안에 해야 하는 업무를 뒤로 미루거나 결단력이 저하되는 리스크에 비하면 비교되지 않을 정도로 작은 리스크라는 사실을 깨달았기 때문입니다.

물론 장시간 유혹에 빠지지 않고 집중력을 유지할 수 있는 사람에게는 이러한 충고가 도움이 되지 않을 것입니다. 근래에는 카페나 찻집에서 노트북을 열고 장시간 무언가 작업을 하고 있는 사람이 많아지고 있습니다. 노이즈의 유혹에 넘어가지 않고 강약을 조절하면서 행동할 줄 아는 사람이라면 이러한 업무 방식이 효율적일지도 모릅니다.

필자도 전에는 패밀리 레스토랑이나 카페에 가서 글을 쓰곤 했습니다. 그런데 2, 3시간 중 집중하는 시간은 길어야 30분 정도라는 사실을 깨달았습니다. 전에는 이런 적도 있었습니다. 갑자기 '지금 내가 있는 카페는 도쿄 안에 얼마나 많은 점포를 가지고 있을까'하는 생각이 떠올라 인터넷으로 조사하기 시작했습니다. 30분 동안 찾아본 뒤, '그럼 이 카페에서 가장 인기 있는 메뉴는 뭐지?'라는 관심이 생겨 여러 블로그를 섭렵하기 시작했죠. 결국 본래 목적은 망각한 채 카페를 뒤로 해야 했습니다.

필자는 정말 집중력이 없습니다. 그래서 2시간 이상 배터리가 남아 있는 상태면 일부러 노트북을 들고 다니지 않습니다. 반대로 배터리가 간당간당한 노트북이라면 엄청난 집중력을 발휘해 집필 등 작업에 속도가 붙어 일의 효율성을 높일 수 있습니다.

'노이즈 캔슬링'을 실천해 영업왕이 되다

어느 영업왕과의 만남은 필자의 이러한 발상의 원천이 되었습니다. 연 매출 200억 원을 자랑하는 광고회사의 영업사원 R씨32세가 주인공입니다. R씨는 2위와 비교해도 1.5배 차이의 압도적인 실적을 과시하고 있습니다. 더욱이 이익률을 보면, 다른 영업사원과 비교해 3.5배 정도의 실적입니다. 사장은 물론이거니와 창업주인 회장까지 R씨에게는 쓴소리를 못할 정도로 존재감이 컸습니다.

그런데 R씨는 한 번도 필자의 컨설팅 코스에 얼굴을 내밀지 않았습니다. 컨설팅이 시작된 지 두 달이 지나도 R씨의 그림자도 보지 못했습니다. R씨가 바빠서이기도 했지만 가장 큰 원인은 휴대전화를 가지고 있지 않아서였습니다.

게다가 R씨는 거래처로 바로 출근했다가 퇴근하곤 했습니다. 일주일에 한 번 정도만 사무실에 얼굴을 내밀고 메일은 하루에 1번, 오후 4시부터 30분만 열람하였습니다. 그는

3년 전에 아내를 병으로 여의고 두 자녀를 혼자서 키우고 있습니다. 그래서 철저하게 시간 효율을 생각해 일을 하고 있습니다.

"정말 엄청난 금욕주의자시네요. 너무 자신을 몰아붙이시는 거 아니세요?"

필자조차도 R씨의 생활 모습이 매우 금욕적으로 보였습니다.

"더 여유를 가지는 편이 좋지 않을까요?"

그렇게 충고하자 R씨가 갑자기 웃음을 터뜨렸습니다.

"여유요? 하하하. 이 이상 어떻게 더 여유를 부리나요. 농담이시죠?"

R씨는 코웃음을 쳤습니다.

"저는 절대로 금욕주의자가 아니에요. 개그를 좋아해서 아이들을 재운 후 매일 밤 개그프로그램을 보고 나서 잡니다. 야구도 좋아해서 시즌 중에는 맥주를 마시면서 TV 삼매경이죠. 뭔가에 쫓기는 생활이라니 말도 안 돼요."

R씨는 "예전과 비교해 변한 게 없습니다"라고 주장합니다.

"어릴 적에는 TV는 있어도 인터넷이 없었죠. 휴대전화도 없었고 당연히 스마트폰도 없었고, 그렇다고 크게 문제될 것도 없었죠. 과거와 비교해 엄격한 생활을 하는 것도 아니고, 전혀 금욕주의자도 아니죠. 저에게는 옛날과 다른 게 없으니까요."

"흠…."하며 필자는 수긍했습니다. 그 무렵 필자는 담배에 불을 붙이는 R씨의 눈을 피해 스마트폰으로 트위터를 체크할 정도로 트위터에 의존하고 있었습니다. 청년해외협력대에 있던 무렵에는 이런 노이즈를 접할 기회가 전무했습니다. 그래서 "예전과 비교해 변한 게 없다"는 R씨의 말에 마음이 움직이기 시작했습니다.

"요코야마 씨는 담배를 피우시나요?"

"아니요. 피우지 않습니다."

"저는 즐깁니다. 일이 끝난 후의 한 모금은 정말 꿀맛이죠. 이 맛을 모르는 사람을 보면, 인간미가 안 느껴져요."

저는 일순간 '욱' 했습니다.

"제가 요코야마 씨에게 '담배를 피우지 않다니 금욕주의자시네요'라고 말했다면 기분이 어떠셨겠어요? 이상하다고 생각하셨겠죠?"

맞다고 생각했습니다.

"담배를 피우는 사람을 색안경 끼고 보는 사람이 있는데요. 전철 안에서 스마트폰만 뚫어지게 보고 있는 사람도 이상하긴 마찬가지입니다. 담배도 같아요. 그래서 회사에서 스마트폰을 지급하겠다고 했을 때 거절했습니다. 요코야마 씨는 회사에서 담배를 지급했다면 피우시겠어요?"

"아니요. 피우지 않죠."

"저에게는 그거랑 같습니다."

그리고 나서 R씨가 마을 지도를 보여 줬습니다. 그 지도에는 공중전화 위치가 빨간색 펜으로 표시되어 있었습니다. 정기적으로 회사에 연락을 취해 그때마다 '보고, 연락, 상담'을 해서 휴대전화가 없어도 문제가 없던 것이죠. 사장도 영업부장도 입을 모아 한 목소리를 냈습니다.

"그와는 거의 얼굴 볼 일이 없지만 어디서 무엇을 하고 있는지 부처님 손바닥처럼 훤합니다. 커뮤니케이션이 제일 잘 되는 부하예요."

R씨를 만난 후 필자는 노이즈에 매몰되어 있는 사람을 가리켜 '**뇌의 암흑 상태**'라고 부르게 되었습니다. R씨가 담배에 비유했기 때문입니다. 필자는 현재 스마트폰을 거의 보지 않게 되었습니다. 설정에 들어가 사용을 제한하거나 애플리케이션 자체를 삭제하자, 의존증에서 완전히 벗어날 수 있었습니다. 거리에서 휴대전화나 스마트폰만 응시하고 있는 사람을 발견하면 아주 이질적인 느낌입니다. 예전의 제모습을 보는 것 같아 등골이 오싹해지기도 합니다. 제 아이도 필자를 늘 그렇게 보았겠죠. '외롭게 한 건 아니었을까' 거기까지 생각이 미쳤습니다.

"요코야마 씨, 정말 금욕주의자시네요. 스마트폰으로 웹사이트도 보지 않는다면서요?"

"메일 체크 기능도 삭제했다고요? 그렇게까지 할 필요가 있어요?"

이와 같은 말을 듣기도 합니다. 그런데 그런 말을 들을 때마다 R씨처럼 크게 웃고 싶어집니다. 스마트폰을 보지 않는다고 해서 금욕주의자인 건 아닙니다. 그렇다고 삶이 지루하지도 않습니다. 노이즈의 중독으로 **무너져 버린 밸런스를 이전 상태로 되돌렸을 뿐**입니다.

노이즈는 노이즈로!
'귀차니즘 노이즈'를 일부러 발생시켜라

자신이 '귀찮다'고 느껴도 결국에는 유혹에 져서 끊임없이 '낚시질'에 넘어가는 경우도 있습니다. 그런 경우에는 **구체적으로 눈에 보이는 노이즈가 발생하도록 설정**합니다.

예를 들어 노트북이나 스마트폰으로 인터넷에 접속해 검색을 하고 싶을 때, 우선 **타이머 기능을 가동**시킵니다. 그리고 **10분 간격으로 메시지를 표시**하도록 설정합니다. 멍하니 인터넷 화면을 바라보고 있으면 10분마다 화면에 메시지가 불쑥 표시됩니다. 솔직히 영 성가신 게 아닙니다.

필자의 경우 **"당신은 지금 '감정계' 우위의 상태입니**

까?"라는 메시지를 설정해 두고 있습니다. 감정계 우위의 상태란 뇌의 원시적 욕구에 저항하지 못하는 상태를 말합니다. "이대로 가다간 감정에 휘둘려 사고력이 떨어지고 초조해지거나 쉽게 욱하게 될지도 모르는데, 그래도 상관없습니까?"라는 뜻이 담겨 있습니다. 그것을 아주 잘 이해하고 있기에 이 메시지를 받으면 강제적으로 '인타임'이 생성됩니다. 그리고 상황 각성하기를 통해 뇌의 암흑화에서 깨어나는 기회를 얻게 됩니다.

그 시점에 인터넷 서핑을 계속해도 된다고 판단했다면 계속하고 '이제 그만두자'고 생각했다면 창을 닫습니다. 일정한 타이밍에 왜곡되기 시작한 시간 감각을 회복하는 것입니다.

그리고 이쯤에서 또 다른 응용기술을 소개해 보겠습니다. 노트북과 스마트폰, 태블릿 PC, 모두를 연결하는 알람용 애플리케이션을 활용하는 것입니다. 꼭 해야 하는 업무가 있다면 그때마다 알람 기능을 설정합니다. 스케줄이나 업무 관리 기능은 사용하지 않습니다.

- 2월 14일 7시 10분 : K씨에게 메일
- 3월 1일 9시 5분 : 4월분 출장 호텔 예약
- 2월 19일 18시 5분 : J사장에게 전화, 계약 건
- 2월 17일 13시 00분 : 명함 보충
- 3월 2일 9시 30분 : 이사회 자료 메일 송부

생각날 때마다 계속해서 알람을 입력해 둡니다. 반복되는 업무라면 매일, 매주, 매월 단위로 기간을 설정합니다. 1시간 이상 걸리는 작업이면 시작 시간과 종료 시간을 알람으로 설정해 그 사이에 끼워 넣었습니다.

- 3월 19일 13시 00분 : 제안서 작성 시작
- 3월 19일 14시 40분 : 제안서 작성 종료

이렇게 말입니다. 알람이 울리자마자 곧바로 일에 착수할 때도 있지만 어쩔 수 없이 뒤로 미룰 때도 있습니다. 그 결과 노트북을 열어도 알람이 울리고, 스마트폰을 보고 있어도 알람이 울리고, 태블릿 PC를 만지작거리고 있어도 알람이 울리는 시간 압박 상태가 되어 "으악, 빨리 끝내야지"라는

'**역노이즈**'를 접하게 됩니다. 그래서 인터넷 서핑 따위 할 여유가 없으며, 업무를 뒤로 미루기보다 '지금 시작하는 것이 빠르다, 빨리 끝내 버리자'라는 기분이 듭니다. 이것이 'B·A·D 노이즈'를 줄이는 역할을 수행합니다.

기한을 더욱 엄격하게 지키고 싶다면 '**카운트다운 타이머**'를 사용해도 좋을 것 같습니다. 화면에 남은 시간과 남은 날짜가 표시되는 탓에 엄청난 압박감을 느낍니다. 남은 시간을 음성으로 알려주는 애플리케이션까지 나와 있습니다. **눈에 잘 띄는 부분에 마스킹 테이프** 같은 것을 이용해 메시지를 적어 두기도 합니다. 거기에 메시지를 읽으면 상황을 각성할 수 있는 내용을 적어 둡니다.

예를 들어 저희 집의 LAN 케이블 끝에 붙여 둔 마스킹 테이프에는 "**인터넷 접속은 20분까지. 아이와의 시간을 좀 먹는다**"고 적혀 있습니다. TV 리모컨에는 "**TV는 밤 11시까지. 당신은 감정을 제어하지 못할 정도로 사고력이 떨어져 있습니까?**"라고 적은 마스킹 테이프를 붙여 두었습니다.

'노이즈 캔슬링'의 포인트는 노이즈 발생원에 역노이즈

인 메시지를 표시하는 것입니다. **역노이즈를 발견하면 우울한 기분이 들도록 입에 쓴 메시지**를 적습니다. 단언컨대 직접 적어 두면, 이러한 메시지가 눈에 띌 때마다 노이즈 발생원을 멀리하게 됩니다.

결과적으로 집에서는 인터넷에 접속하지 않고 TV도 거의 보지 않고 아이가 자기 전에는 반드시 대화를 나누거나 밤에는 아내와 담소를 나누고 싶다는 기분을 들게 해 줄 겁니다. 역노이즈를 접하면 '**곰곰이 생각해 보니 그 편이 낫다**'고 깨달음을 얻기 때문이죠.

궁극의 '노이즈 캔슬링'을 추구한다

회사에서는 '조직 노이즈'를 줄이기 위해 회의나 자료 작성을 할 때 가급적 단시간에 끝내야 합니다. 제한 시간을 엄격하게 정하면 '뇌의 부스터'가 작동합니다. 노이즈가 침입해 '뇌가 암흑화' 되는 사태를 방지할 수 있습니다. '사고계'를 단련하기 위해 언제 어디서나 할 수 있는 편리함을 의도적으로 줄이기를 권합니다. 즉 **"이곳에서 이 시간에만 이 작업을 할 수 있다"**는 상황에 몸을 맡기는 것입니다.

2009년, 스탠퍼드대학교 연구팀은 복수의 업무를 동시에 진행하는 '다중작업멀티태스킹'은 비효율적이라는 연구 결과를 발표한 바 있습니다. 일정 시간, 단일 작업을 그 작업에 필요한 도구만을 사용해 실시하는 게 가장 효율적이라는 뜻입니다. 네트워크 접근성을 추구하는 요즘 시대에 우리들은 자신의 힘으로 그러한 공간과 시간을 손에 넣어야만 합니다. '편리성'과 '효율성'은 서로 상반관계에 있는 것입니다.

'B·A·D 노이즈'를 최대한 제거하는 일은 **시간 감각을 자신의 의지대로 변화**시키는 데 효과적입니다. 그로써 일상의 의사결정에 활용할 수 있게 되어, 결단력이 몸에 배게 됩니다. 좀처럼 결단을 내리지 못하는 우유부단한 당신이라면 결단력을 향상시키기 위해 '노이즈 캔슬링'을 활용해 보세요.

맺음말

이 책에서는 **'절대 달성'의 최대의 수수께끼인 '자극'**을 심도 있게 다루어 보았습니다. 필자의 세미나를 접하고 '절대 달성'의 노하우와 기술을 습득했음에도 좀처럼 자신이나 조직을 바꾸지 못하는 사람이 있습니다. "기업들이 이렇게 바뀌었습니다"라고 말해도 "정말이에요?"라고 의심의 눈초리를 던집니다.

"상사인 제가 말해도 부하가 도통 안 바뀌는데 요코야마 씨가 말한다고 바뀌겠어요?"라고 하는 의문부터 "요코야마 씨가 컨설턴트한 기업이 특별했던 거 아닐까요?", "기업 문화가 좋은 기업이라서 그런 거 아닐까요? 말해도 들어먹지 않는 녀석들은 누가 뭐라 한들 똑같지 않나요?" 등의 의심까지 하는 사람도 있습니다.

　이런 점에서 이 책은 '왜 요코야마 씨라면 사람을 바꿀 수 있는가?'라는 물음에 대답한 책이라고 생각합니다. 기술이 아무리 이론적이어도 침을 튀기며 열정적으로 말해도 변하지 않는 사람은 변하지 않습니다. 그러나 **집중할 수 있는 환경과 제시하는 선택항목의 '순서'를 고려하면** '선호의 역전' 현상이 일어납니다. 생각지도 못한 결단을 내리게 되는 것입니다. 이것이 바로 '마법의 씨앗'입니다.

　설사 '아침의 삼자택일' 등의 결단 프로세스를 실천하지 않아도 '직감의 함정'을 깨닫고 왜 올바른 결단을 내리지 못하는지, 그리고 결단을 내리지 못하는 상태가 이어지면 어떤 결말이 기다리고 있는지를 아는 것이 무척 중요합니다.

　본문에서 말한 것처럼 **결단을 저해하는 최대 요인은 노이즈입니다.** 노이즈는 우리들의 시간 개념을 왜곡시켜 많은 시간을 **빼앗아 버리므로** 노이즈에 매몰될 경우 목표 달성을 위한 행동에 시간을 집중적으로 사용하기가 어려워집니다. 그리고 노이즈로 인해 우리들의 뇌는 '감정계'로 치우쳐 논리적인 사고가 좀먹고 '직감의 함정'에 걸려들기 쉽습니다.

'2011년 사회생활기본조사'에 따르면, 10살 이상의 인구가 인터넷을 이용한 시간은 하루 평균 39분으로 2006년과 비교해 **1.5배 이상이나 증가**했다고 합니다. 연령별로 가장 이용 시간이 긴 나이대는 25~34세로 1시간 17분, 이어서 15~24세가 1시간 1분, 45~54세가 53분 순이었습니다. 조사에서는 "스마트폰 등의 보급으로 인터넷 이용 기회가 증가한 것이 영향을 미치고 있다"는 견해를 제시하고 있습니다. 실로 그 말이 정답이라고 생각합니다.

뇌가 암흑 상태가 되면 정신도 몸도 좀먹어 갑니다. 올바른 결단을 내리지 못하고 목표를 달성하지 못하는 이유는 자신이 아닌 다른 무언가의 탓이라고 치부해 버리고 맙니다.

'노이즈 캔슬링'을 실천해 '사고계'를 단련해 보십시오. 결단력을 향상시키면 보다 큰 목표를 달성할 수 있을 것입니다. 마치 다시 태어난 것처럼 비약적으로 성장할 수 있습니다.

이 책의 커버가 '붉은색'인 것도 뜻이 있습니다. 붉은색은

'의식'을 의미하는 색입니다. 저는 지금까지 전 세계 수많은 의식들을 봐 왔습니다. 그리고 의식에는 '붉은색'이 늘 따라다니며 재생(환생)과 태양의 부활을 뜻한다고 들었습니다. 이 붉은 책을 볼 때마다 인생의 '분기점'으로 생각하고 과감한 결단을 내리기를 바랍니다.

집중의 기술 **노이즈 캔슬링**

발 행 일	2015년 3월 10일 초판 1쇄 발행
저　　자	요코야마 노부히로
역　　자	이승희, 김은숙
발 행 인	박 재 우
발 행 처	한국표준협회미디어
출판등록	2004년 12월 23일(제2009-26호)
주　　소	서울 금천구 가산디지털1로 145, 에이스하이엔드 3차 1107호
전　　화	02-2624-0362
팩　　스	02-2624-0369
홈페이지	http://www.ksamedia.co.kr

ISBN　978-89-92264-81-5　03320
값　13,000원